Un Précurseur du Bolchevisme

FRANCISCO FERRER

Sa Vie et son Œuvre — Étude critique

PROCURE GÉNÉRALE
3, Rue de Mézières
PARIS (VIe)

Prix : 2 fr. 50.

Ouvrages du même auteur

CHEZ BLOUD ET GAY, PARIS

Catholicisme d'Action : Sermons et Conférences pour l'année
liturgique . . . . Fr. 6.—
Méditation sur la Guerre (épuisé).
La pensée et l'œuvre d'un Grand Seigneur russe . . . . , Fr. 1.—
L'Action française et l'idée chrétienne. 3ᵉ édition. . . . . Fr. 3.—
La Morale de l'Action Française . . . . , Fr. 1·50

CHEZ TRALIN, PARIS

L'Enseignement social de Jésus.
Tome III. La Grande Loi sociale de l'amour des Hommes . . . . . Fr. 3.—
Balmès sociologue . . . . Fr. 3·—
L'Égoïsme Humain (ouvrage couronné par l'Académie des Sciences
morales et politiques). . . . . Fr. 3·—

CHEZ TEQUI, PARIS

Un programme de Concorde Nationale, Hier et Demain.
— Anticléricalisme et Tolérance. . . . . Fr. 1·25

CHEZ BOSSARD, PARIS

Les Problèmes internationaux et le Congrès de la Paix. — Vue
d'ensemble . . . . Fr. 3·90

PROCURE GÉNÉRALE, 3, RUE DE MÉZIÈRES, PARIS (VIᵉ)

L'Enseignement social de Jésus.
Tome VI. La loi sociale du Travail (Jésus Travailleur. — Jésus et les
Travailleurs — Jésus et la doctrine du Travail) . . . . Fr. 3·—

SOUS PRESSE

L'Enseignement social de Jésus.
Tome I. Les Grandes Directives sociales (L'Evangile contient-il une
doctrine sociale ? — Jésus et l'Individu. — Jésus et la Famille. — Jésus
et la Société).
Tome II. Les Grandes Directives sociales (Jésus et l'Égalité. — Jésus
et la Fraternité. — Jésus et la Liberté).
Un Grand poète espagnol. *Luis de Leon.* Etude critique et traduction
de ses œuvres poétiques originales.

FRANCISCO FERRER

A. LUGAN

Un Précurseur du Bolchevisme

FRANCISCO FERRER

Sa Vie et son Œuvre — Étude critique

PROCURE GÉNÉRALE
3, Rue de Mézlères
PARIS (VI')

AVANT-PROPOS

J'ai voulu connaître cet homme. Des personnalités, bien placées pour savoir, m'ont documenté. J'ai à peu près tout lu de ce qu'on a écrit et dit pour ou contre lui. Je crois intéressant et utile de faire connaître au public le résultat de mon enquête. Je sais quelles passions se sont agitées et s'agiteront encore autour de ce nom. Parmi ces clameurs et ce brouhaha d'opinion entrechoquées, il est difficile de rester calme. Je voudrais cependant que mon témoignage fût impartial et ne rien avancer qui serait trahison de la justice et de la vérité. On parle beaucoup de bonne foi et l'on s'en vante, mais qui la respecte chez les autres ? On vous refuse le bénéfice de la sincérité tout en la réclamant pour soi. On ne vous lit pas ou, si on vous lit, on ne vous écoute pas, parce que « a priori », vous êtes censé attaquer ou défendre une cause à laquelle vous ne croyez peut-être pas, mais qui vous est imposée par un intérêt ou un parti qui bâillonnent votre indépendance.

On peut ne pas ajouter créance à ma parole, mais j'affirme que j'ai apporté à étudier Ferrer la plus grande liberté d'esprit. Je ne suis pas de ceux qui croient que la politique de notre choix et même l'Eglise catholique se défendent par le mensonge. J'avouerai sans peine qu'il n'est pas aisé de se former une idée nette, mathématiquement décisive sur cette triste affaire. Je crois que le gouvernement conservateur ne pourra jamais se justifier d'avoir laissé saccager, pendant quatre ou cinq jours, une ville de 900.000 habitants, par une poignée de révolutionnaires. Dégarnir Barcelone au moment où, à tort ou à raison, l'opinion catalane sans distinction était surexcitée contre la guerre au Maroc, y laisser à peine 1.400 hommes pour défendre l'ordre, ne prendre aucune mesure préventive pour empêcher l'anarchisme, toujours puissant et actif dans cette cosmopolis, d'organiser les foules et de les lancer à l'incendie des couvents, restera inexplicable et inexcusable à tout esprit impartial. Je ne me résoudrai jamais à être un *approbateur quand même et, en m'engageant dans la vie du fusillé de Montjuich, je n'étais nullement décidé à le trouver coupable.*

D'autre part, l'heure m'a paru propice de faire la lumière sur un personnage que la maladresse des uns et l'ignorance des autres, exploitées par l'habileté de quelques anarchistes et autres violents sectaires, ont mis sur le pinacle et présenté au monde comme une gloire et un bienfaiteur de l'humanité, martyrisé par des héritiers de Torquemada. Si les horreurs du bolchevisme russe ont soulevé le dégoût de tant d'esprits qui s'étaient joints à la foule psalmodiant le thrène funèbre autour du fusillé de Montjuich, ils devront avouer leur erreur en constatant que leur héros vécut en bolcheviste et ne travailla qu'à réaliser le bolchevisme en Espagne et ailleurs.

Tous les documents cités dans ce travail dont nous n'indiquons pas la source, ont été saisis au domicile de Ferrer, lors des perquisitions qui y furent faites, à deux reprises différentes. Nous avons, de dessein formé, écarté tout ce qui ne portait pas la marque évidente de l'authenticité (1).

---

(1) Voici la liste des principaux documents consultés :

Causa regicidio : « *Causa por regicidio frustrado 1906-1909. Atentado de 31 de Mayo de 1906* » Cinco tomos.

Sucesos de Barcelona : « *Causa por el delito de rebelion militar 1909-1910. Inceno de Barcelona en julio de 1909.* » Dos tomos.

Causa F : « *Causa contra Ferrer Gardia año 1909.* » Salvador Canals : *Sucesos de Barcelona en 1909.*

Pedro Sangro y Ros de Olano : *La sombra de Ferrer. De la semana tragica a la guerra europea.* Madrid 1918, un fort volume.

Brochures et journaux français, espagnols et autres, pour ou contre Ferrer et sur les événements de Barcelone.

I

Un Primaire

Le villageois d'Alella. — L'employé de commerce à Barcelone. Le contrôleur de chemins de fer. — Le franc-maçon. — Il va à Paris.

Un point m'a d'abord frappé en Ferrer. Je m'imaginais, avant de l'approcher, qu'il avait passé son existence à peser et à comparer des systèmes philosophiques, à examiner des théories sociales et des civilisations. Je l'entendais proclamer de tous côtés un martyr de la science, un nouveau Galilée. C'était pourtant un primaire. Je ne lui en fais pas un crime. Mais je trouve là une clef qui ouvre plusieurs portes. Il y aura toujours, entre le savant le plus irréligieux ayant pâli et pâti sur les idées et le prétentieux qui ne les a vues que de loin, en gros, s'imaginant cependant en avoir fait le tour, une profonde et irréductible opposition. Le premier sera d'ordinaire un tolérant. Il sait et il voit le fort et le faible des systèmes, il comprend en tout cas que la réalité se refuse toujours à se plier docile aux exigences aprioristiques des abstractions, fussent-elles les siennes. Il admet donc que d'autres puissent concevoir le monde et la société à un point de vue différent. Il est sans peine sceptique, bon enfant, indulgent. Le primaire, celui qui n'a rien approfondi et a tout effleuré, qui s'imagine connaître les mytères de la vie parce qu'il peut dire que la matière vivante est composée de cellules, celui-là doit être un intolérant et un sectaire. Si avec cela il a un tempérament violent, vous verrez apparaître sans tarder un jacobin sanguinaire. Coûte que coûte, il faudra que les petites idées qu'il a de l'homme et de la société descendent dans la réalité. Et si elle résiste, il la brisera, il la saccagera, il lancera des bombes et élèvera des échafauds. C'est un prosélyte, un apôtre souvent habile et même hypocrite. Il court partout où il croit pouvoir trouver des instruments dociles de ses imaginations d'illuminé et de fanatique. Sa conviction est si profonde, son dévouement à certains hommes est si réel, qu'il en impose. Les volontés flottantes, les rêveurs, se laissent prendre et conduire. On va sans réfléchir après ce maître au verbe enflammé, à la main robuste qui mène à la rédemption de la misère et de la souffrance. Il fait des révolutionnaires et des révolutions.

Ferrer était un primaire et des plus primaires. Il appartenait à une modeste famille de laboureurs d'Alella, dans la province de Barcelone, qui l'envoyèrent à l'école du village. Il y apprit à lire, à écrire et à compter, ni plus ni moins. Le curé du village en avait fait un enfant de chœur. La famille de Francisco était nombreuse ; la propriété ne suffisait pas à l'entretien de tous. Il n'avait d'ailleurs qu'un goût médiocre pour le paisible travail des champs. Il préférait lire les journaux et les livres qui lui tombaient sous la main. Comme tant d'autres enfants de la campagne à prétentions intellectuelles, il mourait d'envie de quitter la charrue et les vaches pour aller à la ville. Là, ses talents seraient mis en valeur et sa curiosité satisfaite.

A quatorze ans, nous le trouvons employé de commerce à Barcelone. On était en 1873. La classe ouvrière de la grande cité et les petits patrons entraient en masse dans le mouvement républicain et anticlérical. Ferrer fut saisi et emporté par le courant. Un monde nouveau se révélait à lui. Ses camarades et ses chefs répétaient sous toutes les formes que les curés et les rois étaient les pires ennemis du bonheur du peuple. Il le crut d'autant plus facilement que les passions à cet âge sont les sûrs et puissants auxiliaires de ceux qui attaquent les représentants de l'ordre et de la moralité. Son esprit offrait un tableau où le premier venu pouvait écrire à fantaisie. Aucun doute ne naîtrait parce qu'aucune idée ne contrebalancerait la force propulsive de celle qu'une main experte tracerait. Je me persuade que ce jeune villageois simpliste et fruste, mais passionné et violent à froid, dut au bout d'un an de conversations et de lectures choisies, faire pâlir l'anticléricalisme et le républicanisme de ses initiateurs. Le sillon fut creusé profond dans cette cervelle alors malléable et plastique. On ne pourra plus le combler. Et avec ses certitudes antireligieuses et anticléricales non raisonnées, Ferrer s'avancera dans la vie droit devant lui, il faut le reconnaître, à jamais incapable de corriger, d'amender ce fanatisme initial cristallisé. Né primaire à la vie intellectuelle, il le restera. Il sera toujours fermé et comme imperméable aux conceptions qui ne s'agenceront pas avec la construction première.

Ferrer abandonna le commerce en 1878. Il réussit à se faire nommer contrôleur des billets sur la ligne qui va de Cerbère à Barcelone. Ses idées avancées l'avaient mis en relation avec les gros bonnets de l'anticléricalisme. Ils lui rendaient des services et il leur en rendait. Le conspirateur Manuel Ruiz Zorilla, alors exilé d'Espagne, l'employait pour transmettre ses ordres à ses affiliés et ceux-ci pour soustraire leurs correspondances aux investigations de la police. Le manège fut découvert et Ferrer dut se contenter de reviser les billets entre Granollers et Barcelone. Dès sa jeunesse, il est mêlé aux menées révolutionnaires et travaille de son mieux à réaliser son rêve antireligieux et antisocial. Détail également important. Par ses idées et ses amis, il se trouva sur le chemin qui mène à la franc-maçonnerie. En 1884, il s'affiliait à la Loge « *Vérité* » de la capitale catalane.

Durant l'année 1885 il quitta à l'improviste Granollers et vint à Paris. Il y fut d'abord marchand de vins. « Mais, dira-t-il plus tard, ayant plus de goût pour les choses intellectuelles que pour le commerce, je me mis à donner des leçons d'espagnol. Je n'eus qu'à me féliciter de ce changement de profession en raison du succès immédiat que j'y eus, et parce que la nouvelle vie convenait mieux que tout autre à mon tempérament (1). » En plus des leçons particulières, il en donnait au Cercle d'enseignement populaire et au Grand Orient de la rue Cadet. Son affiliation à la franc-maçonnerie servait ses idées et son intérêt. Il la renouvela dans une loge parisienne. Nous pouvons imaginer quelle science pédagogique dut déployer, dans sa fonction improvisée de professeur, le paysan d'Alella. Il connaissait à peine l'espagnol, le catalan étant sa langue maternelle. Mais entre amis, on ferme les yeux surtout si celui qui exploite notre ignorance est assez fort et habile pour en imposer.

---

(1) *España Nueva*, 15 juin 1906. *Notice autobiographique de Ferrer.*

II
Les femmes dans la vie de Ferrer

Son mariage avec Teresa Sanmarti. — Leur séparation. — Ferrer s'unit à Léopoldine Bonnald et la quitte. — Il s'unit à Soledad Villafranca. — La *Tendresse* de cœur de Ferrer envers ses femmes et ses enfants.

Les femmes ont joué un rôle prépondérant dans la vie de Ferrer. Ce rôle est un peu connu et nous ne trahissons aucun secret en en parlant. Elles furent les instruments et les victimes de son fanatisme.

En 1880 il épousait à Granolles Teresa Sanmarti ; elle se brouilla avec sa famille pour s'unir à lui. Malgré cela, cinq ans après, un certain Lopez, résidant à Londres, devait intervenir pour réconcilier les époux. Une lettre versée au cours du procès de la Calle Mayor, en fait foi. Voici ce qu'on y lit :

« Ami Ferrer, je reçois une lettre d'Espagne, d'une connaissance commune, qui me dit que votre femme est venue la trouver avec ses deux filles. Teresa est désespérée et dévorée de chagrin. Elle proteste qu'elle ne vous a jamais manqué en rien, qu'elle ne vous a donné aucun motif de plainte, s'est résignée à vivre avec vous comme vous l'avez voulu, et a toujours pour vous la plus profonde affection.... Votre devoir est de revenir à côté d'elle, alors même que vous auriez eu des ennuis d'un autre genre. Vous le devez d'autant plus que sa famille la rejette parce qu'elle vous a épousé et que la pauvre malheureuse ne saurait subvenir à sa vie ni à celle des trois pauvres petites. »

Notons-le, car cela appert dès maintenant. Si Ferrer aima passionnément les femmes, il n'aima jamais la famille. Ses instincts satisfaits, il courait sans vergogne à des créatures moins usées et laissait en compte, à celles qu'il abandonnait, le soin des enfants. Il pratiquait de son mieux l'anarchisme familial en travaillant à implanter l'autre.

Teresa Sanmarti le rejoignit à Paris et l'aida en donnant comme lui des leçons. L'entente ne dura pas, pour des raisons qu'on peut aisément supposer. Il se sépara d'elle et lui arracha ses enfants. Teresa désespérée alla les réclamer. Il se produisit à cette occasion, entre eux, une scène violente que la femme raconte dans une lettre au juge d'instruction. En faisant la part des exagérations compréhensibles, ce document est déjà accablant pour Ferrer.

« Si j'ai commis la folie de tirer sur mon mari, je m'en repens. Il m'a rendue si malheureuse ! ma vie avec cette homme a été un martyre de tous les instants, allant jusqu'à me refuser la compagnie de mes filles J'en ai une de trois ans et demi et je ne la connais pas. Dès qu'elle fut née, il me l'enleva et l'envoya dans le département de Loir-et-Cher. C'est tout ce que je sais, car il ne m'a jamais permis d'aller la voir. J'ai une autre fille de onze ans que mon mari expédia à neuf ans en Australie, sans mon consentement. Je pleurai, je suppliai, mais elle était déjà partie. L'aînée a douze ans. Un mois avant de m'abandonner, il l'envoya à une pension à Montreuil-sous-Bois, où il ne m'a été possible de la voir que quatre fois. Depuis on m'a défendu l'entrée du Collége. J'ai été au consulat d'Espagne, au commissariat de police. Inutilement.

Je demandai au commissaire une recommandation pour un collègue de Montreuil. Je revins et dès qu'il me vit il me dit : Je le regrette beaucoup, mais votre fille n'est plus au collège de Mme Teissier.

Alors, folle de désespoir, ne pouvant vivre sans ma fille, je résolus de me tuer.

Mais avant d'en arriver là, je voulus tenter un dernier effort auprès de mon mari. Je me rendis chez lui. Le cœur déchiré, je lui demandais de me dire où étaient mes filles. Par deux fois il me repoussa. Alors je perdis la tête et je tirai.

J'ai tant souffert avec cet homme, que j'espère qu'on aura pitié de moi. »

Lors du procès de Ferrer, à l'occasion de la bombe de la Calle Mayor, en 1906, Teresa vint à Madrid. Elle alla le voir en prison et consentit à ne pas témoigner contre lui. Malato prétend que cette femme « empoisonna » l'existence de son confrère en anarchisme. Il devra cependant avouer qu'en l'occurence, elle se vengea assez noblement. Elle-même finissait à peine de subir la réclusion qu'on lui avait imposée pour ses coups de revolver.

Entretemps, vers 1899, Ferrer s'était « uni » à une de ses élèves, Léopoldine Bonnald. Il ne la rendit pas plus heureuse. Ce communiqué officiel publié par la presse parisienne, après sa mort, dans les fossés de Montjuich, en témoigne.

« M. Monier, procureur de la République, a reçu d'une dame Léopoldine B..., qui habite à Londres, une lettre où elle sollicite l'assistance judiciaire pour poursuivre les héritiers de Ferrer, en restitution d'une somme de 105 mille francs. La dame Léopoldine B... déclare dans la lettre qui accompagne la sollicitation, qu'en 1900, à Paris, elle se lia avec Ferrer qui lui donna sa parole de la prendre en mariage, sans lui dire qu'il était marié. Sommé d'avoir à tenir sa promesse, il dut révéler son état civil. Il y eut alors, entre les amants, une scène très violente dont Ferrer se tira en disant à Léopoldine qu'il avait demandé sa naturalisation en France, afin de pouvoir obtenir le divorce.

A partir de ce moment, et bien qu'il y eût un enfant, Riego Ferrer, les relations se refroidirent et la rupture fut bientôt complète, dit Léopoldine, quand elle fut convaincue qu'il ne devait pas l'épouser. Pendant qu'ils vivaient ensemble, la dame B... avait confié à Ferrer l'administration de sa petite fortune, qui consistait en cent mille francs, qu'elle avait déposée au Crédit Lyonnais. En 1906, elle sollicita de cette banque un compte de son dépôt. Elle découvrit que Ferrer, faisant usage des pouvoirs qu'il tenait d'elle, avait retiré les valeurs.

Elle demanda des explications à l'exploiteur espagnol. Il répondit que l'argent se trouvait en lieu sûr, sous forme de valeurs déposées dans une banque de Barcelone; sans tarder on le lui rendrait. Les événements se précipitèrent. Ferrer fut compromis dans le procès Morral, puis dans celui de Barcelonne, et exécuté sans que sa créancière ait pu recouvrer ses titres.

Aujourd'hui, pour subvenir à ses besoins et à ceux de son fils, elle a à Londres un petit emploi. En raison de sa pauvreté, elle a sollicité l'assistance de la justice et le procureur a donné suite à sa demande. »

Après Léopoldine Bonnald, ce fut le tour, en 1906, de la fameuse Soledad Villafranca. Il n'avait pas moins de vingt-deux ans de plus qu'elle. Ils se connurent en 1906, à l'Ecole Moderne où il l'avait installée comme professeur (1). On soupçonnait que Morral, celui qui lança

---

(1) Voici comment la mère de Soledad juge l'amant de sa fille : « C'est un homme sombre et si sérieux que je ne l'ai jamais vu rire. Il est de plus très avare et grigou. Je ne sais pourquoi il tient tant à la richesse, qui, à mon sens, doit atteindre plusieurs millions. On a dit ces temps-ci, et je n'en doute pas pour ma part, qu'à l'occasion des événements dont Barcelone fut le théâtre, il fit des spéculations de bourse qui lui rapportèrent des millions de douros. » Déclaration à un rédacteur de *El Liberal*.

la bombe sur le cortège nuptial du roi d'Espagne, était l'amant jaloux de Soledad. Au cours du procès qui suivit l'attentat de la Calle Mayor, on demanda à Ferrer ce qu'il pensait des relations de Morral avec la demoiselle, il répondit sans sourciller : « Je ne les aurais pas tolérées ! Elles auraient démoralisé la jeune fille en l'empêchant de remplir sa tâche. »

La tendresse de cœur de Ferrer a été vantée par ses panégyristes. Pour l'apprécier, il suffit de voir comment il a traité ses filles et ses femmes dans son testament. A chacune des trois filles que lui avait données Térésa Sanmarti, il laisse six mille francs, le minimum légal, avec cette clause de ne pas toucher à la somme. Et cependant, il savait que ses enfants avaient à peine le nécessaire pour vivre. Trinidad gagnait alors à peine deux francs par jour à faire des gâteaux ; Paz remplissait des rôles de soubrette dans de petits théâtres, et la plus jeune, Teresa, était à la charge de sa mère en Russie.

De celle-ci, pas plus que de Léopoldine Bonnald, Ferrer ne dit rien. Il se contente de recommander son fils Riego, qu'il avait eu de la Bonnald, à la compassion de M. Portet, son éditeur. Par contre, il laisse à Soledad Villafranca une modeste somme pour vivre — assurément pas plus de six mille francs — et la confie, elle aussi, à M. Portet.

On a prétendu que ces dispositions testamentaires prouvaient combien Ferrer avait respecté les volontés de celle qui l'avait enrichi. Nous verrons quel fut son respect de ces volontés. Mais il ne faudrait pas oublier que ce n'était pas là le seul avoir du révolutionnaire. Ses enthousiastes biographes Normandy et Lesueur reconnaissent que « la maison éditoriale fondée par lui était florissante et diverses spéculations heureuses avaient augmenté sa fortune, depuis quelques années. L'éducateur se transforma, pour le grand succès de sa cause, en homme d'affaires, plus actif peut-être qu'intelligent. Remarquons au passage comment cet anarchiste savait profiter de l'organisation capitaliste et allonger des doigts crochus. Nous sommes tout de même un peu loin de Tolstoï quittant son château et ses commodités, pour aller réaliser son rêve !

Un fait reste établi : Ferrer était assez riche pour bien remplir ses devoirs de père et ne pas laisser croupir dans la misère ceux ou celles qui lui devaient l'existence.

III

L'entôlage de Mlle Ernestine Meunier et de sa fortune

Ce qu'était Ernestine Meunier. — Sa crainte révérentielle à l'égard de Ferrer. — Elle se fait *sa pénitente*. — Une lettre curieuse et suggestive. — Ferrer a influencé Ernestine mais il ment quand il prétend qu'elle lui laissa une partie de sa fortune pour fonder des écoles antireligieuses et antisociales. — Un article de Maurice Talmeyr.

La conquête d'Ernestine Meunier et de sa fortune par Ferrer mériterait de fixer l'attention d'un psychologue avisé. J'ai dit et je maintiens que le fils des paysans d'Alella resta toujours un primaire. Mais ne peut-on pas être primaire et retors ?

Ernestine fut, elle aussi, une élève de ce professeur de castillan dont le journaliste républicain Nakens devait corriger et même arrêter les traductions. « C'était, a écrit Ferrer, une catholique, apostolique, romaine, convaincue jusqu'au fanatisme. » Avec cela, un tempérament de rêveuse et de sentimentale, des prétentions à la culture scientifique et une belle fortune. Il fit, pendant plusieurs années, le siège de ces citadelles, montant sur les unes pour abattre les autres. Il ne renia pas son idéal, ni ses convictions anarchistes, mais les dissimula habilement derrière les grands mots de science, d'humanité, de tolérance, d'art, imposant le tout par un sérieux de pontife. N'avons-nous pas entendu la mère de Soledad déclarer qu'elle ne l'avait jamais vu rire ? Il parlait comme quelqu'un qui sait, comme un maître avec qui on ne plaisante pas, envisageant la vie par ses côtés graves, presque terrifiants. « Je vais vous dire, lui écrit Ernestine, pourquoi je n'ai pu envoyer cette lettre hier. Vous ayant vu blâmer si fortement la vie mondaine, je crains de paraître frivole, légère. Mais ce qui est arrivé m'a tant fait plaisir que je veux vous le conter. » Il s'agissait du début au théâtre lyrique de Milan, d'une demoiselle Bourgeois, à qui la « pénitente » de Ferrer avait été présentée !

Les gens drapés dans leur gravité et leur science réelle ou frelatée impressionnent toujours les timides. Ils n'oseront jamais soulever le voile et regarder. On leur accorde une grâce, quand on daigne s'abaisser pour discuter avec eux. Le Jupiter tonnant qu'était, aux yeux de Mlle Meunier, Ferrer, consentait de temps à autre à entamer la conversation sur les questions les plus élevées de la politique et de la sociologie ; il s'avançait jusqu'à lui vanter l'anarchisme. Elle en était flattée. Elle osait le contredire : « Je veux vous montrer que je comprends ce qui nous divise sur la question de l'anarchisme. Vous le considérez au point de vue de la responsabilité du délinquant, et moi au point de vue de l'horreur qu'inspire le délit, et du droit qu'a la société de se défendre contre les fous dangereux. Je puis vous accorder jusqu'à un certain point la non responsabilité, mais vous m'accorderez aussi qu'un fou furieux ne se laisse pas en liberté pour tuer tout le monde... »

Dans une de ses lettres, Mlle Meunier avait eu l'audace d'écrire :

« Le rouge est la couleur du sang. La carmagnole est le chant destiné à accompagner les ci-devant nobles de la révolution, les riches d'aujourd'hui, à la guillotine. Les anarchistes disent nettement ce qu'ils veulent. Ils peuvent avoir toutes les raisons, mais qu'ils ne s'étonnent pas que nous les haïssions, que nous les craignions, que nous fassions le nécessaire pour nous défendre et vendre chèrement nos vies. Qui sait si dans le siècle d'or, qui échappe à toute prévision, tous les hommes s'aimeront. Mais en attendant et pour l'instant, que de bombes, que de sang, que de ruines ! »

« La haine » !... Devant ce mot cruel, le maître est scandalisé. Du haut de son trône, il jette un regard sévère sur Ernestine, et refuse de reconnaître en elle son élève. Celle-ci apeurée, craignant de perdre les bonnes grâces du génie tutélaire, se perd en excuses, en louanges et en concessions. Ce document vaut d'être connu. On dirait que Mlle Meunier parle à un pasteur d'âme, à un confesseur. N'oublions pas que le pontife, au moment où Ernestine s'ouvre à lui si humblement, avait abandonné sa femme et ses trois enfants. Il vivait avec Léopoldine Bonnald, que sa pénitente appelait « sa filleule » et croyait

la femme de Ferrer, comme Léopoldine d'ailleurs croyait Ferrer céli-
bataire.

« Votre lettre, au lieu de m'irriter, m'a presque fait pleurer ! Vous défendez la
cause de la justice avec une raison, une logique et surtout un cœur qui m'ont pro-
fondément émue. Ah si tous les hommes étaient comme vous ! Il y a deux phrases
qui ont ravi à mon esprit sa sérénité et qui me rendent triste. Vous dites : Ça été
pour moi une désillusion, et vous ajoutez : je n'ai pu m'empêcher de laisser
échapper un cri de douleur en vous entendant. Comment ? Votre indigne élève a-t-
elle pu vous peiner ? Vous, si bon, si indulgent, et pour qui je ferai je ne sais quoi
afin de vous être agréable.

« En vérité, je n'aurais pas dû parler de haine. Même chrétiennement, ce n'est
pas bien. Cependant, que voulez-vous ? J'ai toujours entendu parler avec une telle
horreur et épouvante des massacres de la révolution, que lorsqu'il est question de
la carmagnole, je ne me connais plus. Vous avez raison. Nous sommes méchants,
pires que ceux que nous opprimons. Ils ont le droit de prendre par la force ce qui
leur manque et de nous enlever la vie. Aussi, nous devons être résignés à tout. De
plus, la révolution doit venir et viendra. Vous-même avez dit dans une de vos
lettres qu'elle était nécessaire.

« Au surplus, ce ne sont là que des mots, puisque moi, pauvre insecte, pauvre
ver de terre, un néant, suis une femme impuissante, sans mari ni parents qui
subissent mon influence. Je n'ai pas la moindre importance ; ce n'est pas moi qui
pourrais mettre des empêchements et retarder la catastrophe finale inévitable.

« Quant à ce que vous dites des scandales religieux, je le sais maintenant, je le
vois et j'en souffre. Vous me croyez ferme dans mes idées comme avant, mais je
ne suis pas la pratiquante d'autrefois, et c'est pour moi un déchirement. La vie sans
poésie, sans idéal, sans espérance pour une personne qui l'a eue ainsi, n'a déjà
plus aucune valeur.

« On m'avait enseigné à avoir de la vénération pour le clergé, les religieuses,
les religieux ; à me dépouiller de ce que j'avais pour l'Église. Je m'étais fait un
culte d'admiration. Maintenant je dois convenir qu'ils ne sont pas parfaits comme
je le pensais. Cela vous donne la même sensation de désespoir que lorsqu'on a eu
un ami très cher, pour lequel on éprouvait tous les sentiments d'affection et d'estime et que l'on s'aperçoit un jour que cet ami ne vaut rien, n'est ni bon ni honorable. Cette désillusion doit nécessairement produire la tristesse et le dégoût de tout.
Et il sera d'autant plus profond que le culte pour l'ami était sérieux.

« Mais je proteste de toute mon âme de croyante, que je ne serai jamais,
jamais athée. Je me dis : les hommes sont méchants, mais il y a un être supérieur,
un Dieu, le Dieu de ma mère, le Dieu qu'elle adorait, qui la rendait heureuse, qui
lui a assuré une mort sainte et tranquille, qui m'a donné une force surnaturelle,
pour supporter des devoirs insupportables.

« J'ai déjà assez de désillusions dans ma pauvre vie solitaire. J'avais un culte
admiratif pour le clergé : il est mort ; j'avais le respect et l'admiration pour les
hommes et les choses de la justice : ils sont morts ; j'avais de l'admiration et de
l'estime pour les militaires : c'est mort ; j'avais en général du respect pour tout ce
qui est gouvernement, autorité : c'est mort. Une personne qui a pareille désillusion
est mûre pour la tombe ou doit se faire indifférente à tout, ce que je cherche, et
s'étourdir, ce que je fais.»

Cette lettre mériterait d'être analysée à loisir. Elle est une révéla-
tion de l'art merveilleux avec lequel Ferrer savait capter une créature

bonne et craintive, en lui inspirant de l'effroi, de l'admiration et même une sorte d'affection mystique envers sa personne. Lisez-la, et vous y trouverez toutes les raisons qui devaient amener Ernestine à laisser à l'habile révolutionnaire une bonne part de sa fortune. Ferrer a réussi à passer aux yeux de son élève pour un grave philanthrope, un esprit judicieux et impartial, un cœur d'or, tout dévoué à guérir les maux de l'humanité, n'en voulant au clergé qu'en raison des scandales qu'il donne. Quand, à la minute propice, il lui confiera, d'un air de prophète, que son rêve serait de fonder une école « basée sur les sciences naturelles », ayant pour objet d'empêcher les hommes de se haïr, pourra-t-elle refuser à ce génie bienfaisant ce qu'il demande ? Qui mieux que lui serait capable de faire un bon usage de sa fortune ?... N'assistons-nous pas à la conquête de cette âme sensible et naïve ?

La lettre que nous avons lue en témoigne : Ferrer a influé sur les idées religieuses de son élève. Mais voulant justifier l'application, qu'il avait faite de l'héritage de Mlle Meunier, à la fondation d'écoles pour le moins antichrétiennes, il a prétendu qu'il obéissait aux intentions de la donatrice, gagnée par lui à son athéisme et à ses conceptions anarchistes. Ici, n'hésitons pas devant le mot dur : il a menti. « Je proteste, dit-elle dans cette même lettre, de toute mon âme de croyante, que je ne serai jamais athée. »

Et les preuves abondent que, malgré tout son art, ce maître, si étrangement vénéré, n'est jamais arrivé à faire de son élève une anarchiste et une antireligieuse.

« Vous me demandez, lui écrit-elle, le 26 décembre 1899, d'aimer celui qui me hait. C'est sublime, mais sans la grâce de Dieu et l'espérance d'une autre vie, très difficile..... Voici presque deux heures de la nuit et « la chacale » a passé une partie de son repos à écrire, car pendant le jour elle est trop obligée à aider les exploités. Vous êtes tout amour, mais les autres sont tout haine. Ils le crient suffisamment dans leurs journaux. Cette expression seule « bourgeois » est un soufflet qu'ils nous appliquent sur la figure. »

Quelle que fût son admiration et sa confiance envers le dieu, elle n'arrivait pas à comprendre comment lui, tout amour, conseillait des lectures anarchistes, où débordait la haine.

« Vous me permettrez de vous dire que je ne m'explique pas comment vous, si bon, qui prêchez toujours paix et amour, pouvez vous attacher à ces écrits férocement haineux. Si cela ne s'appelle pas excitation à l'homicide et au pillage entre citoyens, on ne pourra le dire de rien. A mon sens, cela vaut ce qu'écrivent certains contre les juifs et le gouvernement. Je ne permettrai ni l'un ni l'autre ? »

Les sentiments que Mlle Meunier exprime dans une lettre écrite à Ferrer le 1er février 1900, sont-ils d'une anarchiste et d'une athée ?

« A une époque de ma vie, j'ai été égoïste, car je sacrifiais les forces de ma pauvre mère. Je l'ai payé très, très cher. Quel brisement quand je songe à cela ! Maintenant que je me rends compte de ce que l'on devait faire, je donnerais toute ma fortune pour ramener à la vie ma compagne, mon amie, mon unique amour, ma mère. Je lui sacrifierais tous mes goûts, tous mes désirs pour la faire vivre des années et des années tranquille dans sa maison et dans sa chambre. C'est trop tard ! L'avoir tant aimée et avoir été cause de sa mort. Oh ! égoïsme, égoïsme maudit ! Oh oui, elle était généreuse. Toute sa vie ne fut qu'un long sacrifice à son mari et à sa fille. Durant sa dernière maladie, elle eut un courage et une abnégation sublimes. La servante qui la soignait le disait. Elle dissimulait ses souffrances pour ne pas me faire de la peine. Quand, au moment de son agonie, je me mis à genoux près de son lit et lui demandai pardon d'avoir abusé de ses forces, de l'avoir amenée à Madrid, elle me répondit avec une force surnaturelle, en me disant que non, que j'avais toujours été bonne pour elle, que je l'avais rendue heureuse. Je fus aussi me confesser à un curé, qui me donna l'absolution.... mais la douleur est restée. Pardonnez-moi de vous conter ces choses tristes. Il me semble que cela me fait du bien de parler, à un ami, de ma douleur constante. A cause de ce remord aigu, de plus en plus vif, il me semble bon de s'oublier et de se sacrifier au bien des autres. »

Pour se faire absoudre d'avoir créé l'Ecole Moderne, ce foyer d'anarchisme et d'athéisme, avec les deniers de l'ingénue qu'était Mlle Meunier, Ferrer a écrit :

« Je lui exposai mon plan d'enseignement, basé seulement sur les sciences naturelles. Par elles l'enfant et l'adolescent peuvent s'expliquer la véritable origine de toutes choses ; elles lui font en même temps connaître la vraie cause de tous les maux qui affligent l'humanité : les pestes, les guerres, les misères, les religions, etc. Elle approuva mon plan et mit à ma disposition l'argent que je crus nécessaire pour cette entreprise. On aura une idée du changement produit dans les croyances de cette dame par ma constance durant six ou sept ans, quand on saura que dans son testament, elle laissa trois mille francs, en tout, pour son enterrement et ses funérailles, et encore par crainte du qu'en dira-t-on ; rien, aux associations religieuses qu'anciennement elle subventionnait (1). »

A ce bluff, à cet insolent mensonge, il suffit d'opposer, avec les citations des lettres d'Ernestine Meunier déjà données, les premières phrases de son testament :

« Je désire mourir dans le sein de ma Sainte Mère l'Eglise. Mon enterrement sera simple et religieux, et, de la somme liquide qu'on trouvera à ma mort, on consacrera trois mille francs à faire célébrer des messes (de préférence en France) pour le repos de mon âme et pour celui de ma très chère mère. Mon corps devra reposer dans le cimetière de Montmartre. »

Nous pouvons l'affirmer, et tout honnête homme l'affirmera avec nous : si cette femme simple, mais au fond chrétienne, se fût jamais doutée que Ferrer emploierait l'argent de sa mère et le sien, à une œuvre antireligieuse et antisociale, elle ne lui eût très sûrement pas laissé 600.000 francs. D'ailleurs, il n'hérita que de la plus petite part de sa fortune. L'autre revint à M. Coppola, de Milan, qui, à ce qu'il semble, était excellent catholique et très opposé à Ferrer.

**

M. Maurice Talmeyr a publié dans l'*Eclair* du 21 mai 1913, sous ce titre « *Une page de mémoires contemporains* », un article qui éclaire et corrobore ce qui vient d'être dit, sur les relations de Ferrer avec les dames Meunier. Pour cette raison, je le cite en entier.

« Il y a quelques années, à la suite des émeutes montées pour venger Ferrer, et dont nous avons failli revoir dernièrement la répétition, quelqu'un venait me demander si un entretien avec un membre de la famille X..., dont Ferrer avait fait le

---

(1) Paroles de Ferrer dans *España Nueva*, 15 Juin 1906.

malheur, ne pourrait pas m'intéresser, et l'entretien, à ce moment-là, pouvait être, en effet, d'un intérêt brûlant. Je m'empressais donc d'accepter, et je trouvais dans le parent des malheureux X... un très galant homme, cruellement affligé par le bruit inattendu mené autour de leur nom, mais pour qui la pensée d'un Ferrer présenté comme le héros d'une cause quelconque, même de la plus odieuse, était peut-être encore plus insupportable. Ferrer célébré comme un martyr, même indigne ! Il y avait là quelque chose qui étouffait cet honnête homme. Une lettre aux journaux ou une *interview* eût révolté sa bonne éducation, mais il éprouvait, en même temps, le besoin de parler, de s'épancher et de prendre des confidents, avec l'espoir avoué que ses confidences pourraient servir un jour à la connaissance de la vérité !

A des années de distance, je crois donc utile de transcrire ses paroles, non pas textuellement, mais très exactement tant la mémoire m'en est toujours restée présente, et bien que je les transcrive de souvenir...

« Monsieur, me disait-il avec tristesse, toutes ces divulgations des journaux sur les relations de Ferrer avec Mme et Mlle X... sont une véritable désolation pour leur famille, si parfaitement honorable et qui a tant d'attaches et tant d'amis dans la meilleure société parisienne. Elles ne sont rien, cependant, à côté du malheur que fut ce Ferrer lui-même pour les deux pauvres femmes. Car elles furent surtout malheureuses, et se trouvaient d'ailleurs un peu destinées à l'être !

« M. X... père avait une fortune considérable. Les événements de 1870 et 1871, la Guerre et la Commune, l'avaient frappé au delà de tout ce qui peut s'imaginer, et il avait amassé dans sa maison de Versailles, où il habitait, d'énormes quantités d'or, en vue de nouvelles catastrophes. Il y en avait pour plus de cinq cent mille francs ! A sa mort, il fallut près d'une semaine pour déménager tout cet or, et l'apporter chez le notaire, par petit paquets, sans attirer l'attention. Lorsque tout fut bien retrouvé, Mme et Mlle X... possédaient, tant en trésors secrètement accumulés qu'en valeurs ou en propriétés diverses, une fortune d'environ quatre millions.

« Voilà donc deux femmes seules, complètement livrées à elles-mêmes, oisives, ne sachant comment dépenser leur argent et éprouvant, après leur existence forcément mélancolique de Versailles, auprès d'un vieillard hanté par la terreur, le besoin de respirer, de voir des horizons, de secouer enfin leur ennui. Elles prirent alors, rue Ventadour, un assez bel appartement, y reçurent, s'y entourèrent de relations agréables, et, le reste du temps, se mirent à voyager...

« Un soir, à l'une des réceptions de la rue Ventadour, nous remarquions un nouveau venu, et on demandait à ces dames quel était cet invité qu'on n'avait pas encore vu ? Elles nous répondaient que c'était un nouvel ami, un Espagnol, M. Ferrer. Ensuite, en s'informant plus amplement, on apprenait comment la connaissance s'était faite. Ne sachant toujours qu'inventer pour passer le temps, la mère et la fille avaient lu un jour, dans la petite correspondance du *Figaro*, une annonce de professeur d'espagnol, et l'idée leur était venue d'en prendre des leçons. Elles avaient écrit à l'adresse indiquée, le professeur était venu, avait plu, et les leçons avaient commencé... Ferrer était dans la maison...

« Ah ! Monsieur, il faut avoir été témoin du bouleversement, ou plutôt de la destruction de cette famille par cet homme, comme ont pu l'être quelques intimes, pour croire que de pareilles choses soient possibles... Ce Ferrer était un petit monsieur toujours souriant, très doux, très poli, très obséquieux, très empressé, joli homme, faisant toujours le geste de s'effacer avec une modestie un peu ironique, se frottant toujours les mains avec une espèce de malice onctueuse, et dont les yeux étaient d'un noir et d'un feu impossibles à ne pas remarquer. Entré chez ces dames comme professeur d'espagnol par une annonce de journal, il était si complètement devenu le maître de leur intérieur au bout de quelques mois que rien ne pouvait plus s'y faire sans son avis, pour ne pas dire sans son ordre.

« Que dit M. Ferrer ?... M. Ferrer est-il prévenu ?... M. Ferrer veut bien... M. Ferrer ne veut pas... Il faudrait demander à M. Ferrer... On n'entendait plus que cela dans la maison. Ces pauvres dame X... avaient toujours été fort pieuses, et n'avaient pas cessé de l'être, mais s'étaient mises en même temps à afficher tout à coup des idées extraordinaires. C'étaient les idées de M. Ferrer ! On sait les brouilles et les violences déchaînées par l'affaire Dreyfus, mais on ne peut pas se douter de ce qu'elle fut dans le salon X... Sous l'influence de Ferrer, Mlle X... en était arrivée à une fureur dreyfusiste qui la faisait prendre pour folle. Car c'était surtout d'elle que jouait Ferrer. Il avait un peu moins de prise sur Mme X..., qui lui résistait encore à l'occasion, mais tout en le subissant aussi, et la pauvre femme, hélas ! ne devait que trop le montrer dans ce voyage d'Espagne qui devait finir pour elle d'une si terrible façon !

« Elle allait voir, un après-midi, ses amies les plus intimes et leur disait, à toutes, qu'elle venait leur faire ses adieux. — Comment, lui demandait-on, avec étonnement, vos adieux ? — Oui, je pars pour Barcelone, où je vais acheter une propriété. — Ah ! lui répondait-on, oui, cette fameuse propriété de Barcelone... C'est encore une idée de votre ami Ferrer ? — Oui, c'est M. Ferrer qui m'emmène, et qui m'emmène, cette fois, sans ma fille. — Toute seule ? — Toute seule !... Et, tenez, si je m'écoutais, je n'irais pas. J'ai comme un pressentiment que je pars pour ne pas revenir ! — Mais alors ne partez pas... Laissez donc cette propriété. — Non, il faut que je l'achète... M. Ferrer le veut absolument...

« Et Ferrer, en effet, l'emmenait à Barcelone, ils y descendaient à l'hôtel, et la malheureuse femme y mourait presque subitement, la nuit même de leur arrivée. Une crise, que les médecins devaient déclarer ensuite avoir été une crise cardiaque, la mettait au plus bas en quelques instants. Elle n'avait plus que la force de demander un prêtre français. On en trouvait un heureusement dans le voisinage, il accourait, et elle rendait le dernier soupir entre ses mains, cinq ou six minutes après... Ce prêtre est aujourd'hui vicaire dans une paroisse de Paris...

« A partir de cette catastrophe, la pauvre Mlle X..., violemment ébranlée par le chagrin, devenait de plus en plus le jouet de Ferrer. Et quel jouet ! En dehors de ses sentiments religieux qui, au fond, persistaient toujours, elle avait fini par tomber dans la plus complète extravagance. Soi-disant pour la consoler et pour l'étourdir, il la traînait dans tous les établissements de plaisir et tous les mauvais lieux de Paris. Il faisait mener à cette malheureuse vieille fille, qui était de la meilleure famille et de la meilleure société, une véritable existence de femme perdue. Il semblait avoir dans ses plans de la détraquer de plus en plus en la dégradant, et c'était après l'avoir réduite à cet état de démoralisation maladive qu'il lui faisait faire le fameux testament reproduit aujourd'hui par tous les journaux, et qui a déjà fait le tour du monde à l'heure qu'il est... Or, ce testament n'était pas fait depuis trois mois que Mlle X... mourait à son tour, et dans des circonstances tout aussi singulières que celles où sa mère était déjà morte. Des personnes dévouées, de ses amies, qui n'avaient pas voulu malgré tout rompre avec elle ni l'abandonner, recevaient un jour un mot d'elle leur disant qu'elle était malade et leur demandant de venir la voir. Elles s'empressaient d'arriver et elle leur disait alors qu'elle se sentait très souffrante, qu'elle avait passé une nuit terrible dans d'abominables cauchemars, et qu'elle les suppliait de venir la veiller la nuit suivante. Elles ne manquaient pas de revenir le soir, mais la trouvaient levée, rassurée, se déclarant guérie, et leur annonçant qu'elle passerait fort bien la nuit toute seule... Elles se retiraient, mais revenaient cependant encore le lendemain pour prendre de ses nouvelles. Et qu'apprenaient-elles, avec la plus profonde stupeur ?... Elles apprenaient qu'elle était morte...

« La mort efface bien des choses, et plusieurs des parents et des anciens amis de la pauvre femme, en apprenant sa fin, voulurent la revoir une dernière fois, mais ne se doutaient guère du spectacle et de la scène qui les attendaient. En entrant dans la chambre où elle reposait encore sur son lit, ils croyaient se trouver en face d'une momie d'Egyte. Toute la tête, les joues, le menton, le visage, étaient presque entièrement cachés et serrés sous les bandelettes, qui recouvraient même aussi les mains comme des mitaines, et laissaient seulement passer le bout des doigts. On regardait ce misérable corps avec une stupéfaction douloureuse, au milieu d'un profond silence, où l'on entendait seulement, de temps à autre un mot sec et bref prononcé dans une pièce voisine. C'était Ferrer donnant des ordres, et qui ne cessait d'écrire fiévreusement lettre sur lettre... Ah ! monsieur, ce n'était plus le Ferrer d'autrefois, le Ferrer aimable et doucereux qui s'effaçait en souriant, mais un Ferrer autoritaire, impérieux, qui commandait durement, sans aucun égard pour personne, et qui paraissait avoir ensorcelé jusqu'aux domestiques. Ils avaient pris eux-mêmes un air dur, et vous disaient brutalement :

« — M. Ferrer vous prie de sortir... M. Ferrer trouve qu'il y a trop de monde ici... M. Ferrer est chez lui... Vous êtes chez M. Ferrer...

« Puis, on entendait du bruit et comme une querelle entre la voix de Ferrer et une autre... Ces pauvres dames, dans un de leurs voyages, avaient pris des intérêts à l'étranger, et les avaient remis aux mains d'un homme d'affaires qui s'était toujours montré hostile à Ferrer. Il avait fallu forcément le prévenir du décès, et c'était lui qui venait d'entrer. Il s'avançait vivement jusqu'au corps, le regardait, et disait tout de suite entre ses dents, mais de façon à être parfaitement entendu de tout le monde :

« — Le poison se voit sous les ongles !

« Et il répétait même encore, deux ou trois fois, au milieu de la consternation générale :

« — Mais le poison se voit sous les ongles ! Le poison se voit sous les ongles !

« Monsieur, me déclarait en terminant le parent de Mlle X..., je ne prends nullement à mon compte, je vous prie de le bien noter, cette accusation d'empoisonnement, qui était celle d'un ennemi, mais je suis encore aujourd'hui comme sous l'impression d'avoir vu un envoûtement... Je ne m'occupe pas de politique et ne m'en suis jamais occupé, mais je suis stupéfait du genre de personnage que peut être un héros politique, même de la plus détestable !... On disait quelquefois que ce Ferrer était un franc-maçon, et je n'en sais rien ! On dit même qu'il est entré dans l'Histoire, et c'est possible... Mais je n'arrive pas à m'expliquer comment des émeutes ont pu avoir lieu dans le monde entier, presque le même jour et à la même heure, pour un homme pareil !... Maintenant, je tiens beaucoup à ce que la paix se fasse sur deux pauvres mémoires qui viennent d'être affreusement troublées, et je ne voudrais de scandale à aucun prix. Mais il y a cependant aussi, dans l'intérêt de la dignité publique et de la vérité, des choses qui doivent être dites et connues et j'espère qu'elles le seront un jour... »

IV
Action révolutionnaire de Ferrer
de 1892 à 1900. Il fonde l'École moderne

Manifestation de Ferrer au congrès de la Libre Pensée de Madrid en 1892. — Son unique livre. — Le Propagandiste. — En 1900, il reçoit de l'argent d'Ernestine Meunier et se dispose à fonder une École. — Il expose son plan. — Un local sera réservé aux ouvriers. — La première directrice : Mademoiselle Jacquinet.

Revenons à Paris où notre primaire et franc-maçon s'est installé en 1885, comme marchand de vins, et deux ans plus tard, comme professeur, à la chasse du cœur et de la fortune des femmes. Nous l'y voyons à côté du républicain révolutionnaire Manuel Ruiz Zorilla, qui, découragé et désirant achever ses jours en Espagne, le trouve trop embarrassant et se sépare de lui.

En 1892, sa loge le délègue au « Congrès de la Libre Pensée » de Madrid, que le gouvernement dut dissoudre en raison de son caractère séditieux. Voici l'appel que celui qui, au dire d'Ernestine Meunier, était « tout amour », lançait aux congressistes. Ce document a été reconnu authentique par Ferrer dans une lettre à Malato (1) et il est signé *Zero*.

« Aux Congressistes,

« Plusieurs d'entre vous ont lu le discours que je voulus distribuer à tous les délégués, mais la chose me fut impossible car on ne consentit pas à l'imprimer. Vous êtes d'accord avec nous ; vous croyez que pour faire la révolution, nous révolutionnaires, devons nous donner la main.

« Nous ne prétendons pas nous unir tous et ce n'est pas nécessaire. Nous cherchons seulement quelque trois cents hommes qui, à notre exemple, soient disposés à jouer leur tête pour commencer le mouvement à Madrid.

« Nous chercherons le moment propice, par exemple l'époque d'une grève ou la veille du premier mai. Nous avons des rapports avec le parti ouvrier et avec d'autres forces révolutionnaires pour préparer le terrain.

« Nous avons la certitude que le jour, où à une même heure, tomberont les têtes de la famille royale et des ministres, le jour où s'effondreront les palais qui les protègent, la panique sera telle, que nos amis auront tout à faire pour se rendre maîtres des édifices publics et organiser les comités révolutionnaires.

« Vous, les premiers adhérents, vous aurez la gloire d'être les initiateurs et de mourir les premiers pour la cause. Cette mort sera mille fois plus glorieuse que de

----

(1) L'interrogatoire d'aujourd'hui a roulé sur le brouillon d'une proclamation révolutionnaire faite par moi en 1892, pendant le congrès de la libre-pensée qui eut lieu à Madrid. Le juge a voulu voir une grande coïncidence entre ce que j'écrivis alors et ce qui est arrivé en juillet 1910, huit ans après. Je m'efforçai de lui montrer que cette coïncidence n'existait pas et surtout que le brouillon n'avait pas été imprimé et que je ne m'étais pas depuis souvenu de lui. » *Brochure du Comité de défense*, p. 55. — Ferrer qui voulut toujours être le plus avancé des révolutionnaires, ne consentit jamais à être chef connu par le public et il signait *Zero*. Ne craignait-il pas aussi de perdre les bonnes grâces d'Ernestine Meunier ?

vivre sous la honteuse oppression d'une bande de voleurs, conduite par une étrangère et soutenue par le clergé et les exploiteurs. Le cœur haut, nobles cœurs et vaillants fils de Cid. N'oubliez pas que dans vos veines frémit le sang espagnol. Vive la révolution, vive la dynamite !

« Que tous ceux qui veulent être des premiers trois cents indiquen' leurs noms et leurs adresses à M. Ferrer, poste restante, rue Lafayette, Paris, ou qu'ils les laissent sur la table du secrétariat, qui leur donnera l'adresse de la direction. Ceux qui adhéreront aujourd'hui écriront trois fois le mois, le 10, le 20 et le 30, en commençant par le 30 courant, en indiquant une ou plusieurs des choses suivantes :

« Rien de nouveau, j'ai un, deux, trois, etc... amis (en donnant les adresses et les noms.)

« Avec une défense (des armes) ou sans elle.

« Pouvant voyager (cela voudra dire qu'il pourra se payer le voyage à Madrid.)

« Voulant voyager (cela voudra dire qu'il est disposé, mais qu'il n'a pas d'argent).

« Avec des vivres pour un, deux, etc... (cela voudra dire la dynamite.) »

« Deux ou trois jours avant le jour fixé on appellera à Madrid les conjurés pour leur exposer le plan et constater que les organisateurs iront les premiers aux endroits dangereux. Ils montreront ainsi qu'ayant su vous rassembler et organiser le mouvement, ils sauront vous donner l'exemple de l'abnégation et du sacrifice au profit de la liberté et de l'émancipation humaine. »

De retour à Paris, Ferrer fit à la loge un discours, où il disait entre autres choses :

« Oui le gouvernement réactionnaire espagnol a empêché ce congrès. Oui, le gouvernement espagnol clérical a défendu de poursuivre nos travaux. Mais il n'a pu défendre que nous ne nous comptions ; il n'a pu défendre que les 600 délégués que l'Espagne a envoyés au congrès de Madrid, — oui, chers frères, 600 représentants, de l'Espagne ouvrière, de toutes les forces vitales du pays —que ces délégués ne se parlent et ne se concertent ; il n'a pu empêcher que nous n'arrivions tous à cette conviction, qu'au jour très proche il nous suffira d'une parole, de faire un signe, pour nous débarrasser de la monarchie et de l'oppression cléricale. »

A la mort de Zorilla, Ferrer, ne voyant pas encore poindre ce jour qu'il croyait si proche, sans abandonner cet objectif, ni se décourager dans son labeur révolutionnaire, se consacra davantage à l'enseignement (1).

Il publia en 1897 son unique livre, une grammaire « *l'Espagnol pratique* ». L'apôtre y donne des exemples comme ceux-ci : « Vous êtes prêtre, mais vous n'êtes pas chrétien. — L'homme qui travaille est plus utile que le moine qui prie. — On assure qu'il n'y aura pas de paix tant que le peuple n'aura pas proclamé la République.... etc. »

Ce simpliste passionné et possédé de son idée rudimentaire sur les hommes, les religions et les sociétés, profitait de toute occasion pour la suggérer et l'imposer aux autres.

---

(1) Nakens, ce directeur du « *Motin* », violent journal anticlérical, qui reçut durant la deuxième quinzaine de juillet 1897, la visite de d'Angiolillo qui devait tuer Canovas le 7 août, dans une lettre à Ferrer, datée du 19 juillet, lui dit : Nous avons beaucoup parlé de vous avec Rinaldini (Angiolillo). D'aucuns ont conclu de là que Ferrer n'ignorait pas les desseins d'Angiolillo, qui avait déclaré à Nakens qu'il venait en Espagne pour tuer Canovas et la Reine régente.

« Je ne comprends pas la vie sans propagande. Où que je me trouve, dans la rue, au café, dans le train, avec n'importe qui je dois propager quelque chose. Je me suis exposé à des rebufades et je les ai senties. Mais je ne puis rien changer, c'est-à-dire je ne veux rien changer. Je préfère paraitre indiscret que taire une parole ou une observation qui me semble utile pour faire réfléchir les gens... La religion et la politique sont mes chevaux de bataille (1).

Il accompagna en Espagne, en 1897, Mlle Ernestine Meunier et la présenta à tous les gros bonnets de l'anticléricalisme de la péninsule. Il poursuivait en elle son travail de désaffectation... Sa marotte était la révolution. Il ne parla que d'elle avec les amis. Les républicains ne lui inspiraient pas une confiance illimitée. Il fallait d'autres hommes et un autre chef. De retour à Paris, il écrit le 15 octobre à Lerroux, l'agitateur catalan.

« Le parti républicain n'a rien gagné, malgré la bonne volonté qu'avait D. Manuel (Zorilla) et malgré les unions, les coalitions et les fusions. Non seulement il y a beaucoup de révolutionnaires, mais je crois qu'il y a des éléments suffisants pour faire la révolution. Le difficile est de réunir les éléments et de leur inspirer confiance et courage, tâche ardue pour les organismes anciens et des hommes qui furent et se croient encore chefs. Ce n'est pas malaisé, à mon sens, pour un homme nouveau, capable, qui a la foi, du prestige et de la volonté. Cet homme là doit être vous, ami Lerroux. »

Mais Lerroux assagi par l'expérience et le contact des difficultés quotidiennes, refusait de marcher dans la voie qui aboutissait au chambardement général. Ferrer l'abandonna pour travailler seul. Voulant arriver coûte que coûte à une révolution, il croit que le plus sage est de fabriquer des révolutionnaires.

Justement il vient de recevoir la promesse des fonds nécessaires de la candide Ernestine Meunier. Le temps presse. Trépignant de joie de sa bonne fortune, Ferrer écrit, le 29 septembre 1900, à José Prat, un propagandiste libertaire de Barcelone :

« Ami Prat, j'ai l'intention de fonder dans votre ville une « Ecole émancipatrice » qui aura pour objet d'arracher des cerveaux ce qui divise les homme (religion, fausse idée de la propriété, patrie, famille, etc.) et d'obtenir la liberté et le bien être que nous désirons tous et dont nul ne jouit complètement. Je compte sur l'appui d'une personne riche qui m'a promis une subvention annuelle de 10 à 12 mille pesetas. Après six ans de propagande constante, j'ai réussi à faire perdre la foi à cette personne, une de mes élèves, catholique, apostolique et tout le reste, s'il vous plait. Bien qu'elle ne puisse pas encore entendre parler d'action libertaire, elle accepte toutes mes doctrines, grâce au tact avec lequel j'ai su les exprimer, c'est-à-dire qu'elle admet que, si l'on nous enseignait à tous, dès notre enfance à être bons, si l'on nous assurait la liberté et la vie, on en finirait avec les luttes fratricides actuelles. J'ai donné à Ricardo Mella le brouillon d'un appel aux hommes de bonne volonté pour qu'il vous le montre et que vous m'en parliez après que vous en aurez pris connaissance et l'aurez fait connaitre aux amis. Je suppose que Mella vous aura écrit... »

Dans une autre lettre, du 18 novembre de la même année, il expose encore plus clairement son plan :

« Mon plan est que l'école soit primaire. J'ai naturellement les plus amples

---

(1) De Ferrer, dans *España Nueva*, 15 juin 1906.

pouvoirs pour suivre ce qui me plaira davantage. Elle sera mixte, de garçons et de filles, comme à Cempuis. Ainsi devra être, à mon sens, l'école de l'avenir. Pendant le jour, l'école sert aux enfants, le soir, elle sera ouverte aux adultes. Il y aura des cours de français, d'anglais, d'allemand, de tachygraphie et de comptabilité. En même temps, on donnera des conférences. On y trouvera un local à la disposition des syndicats ou des groupes d'ouvriers, sociétés de résistance *qui ne s'occuperont pas d'élection ni d'améliorer leur classes et travailleront à obtenir leur complète émancipation.*

« Je voudrais aussi publier un bulletin de l'école, qui s'imprimerait dans le même local.

« Dans la note que je laissai à Mella, je faisais allusion à un concours qu'on pourrait établir en vue des livres que nous jugerions nécessaires pour l'école. Mais j'ai ensuite réfléchi que, peut-être, il ne se   t pas indispensable d'attribuer beaucoup d'importance à ce concours (1). Pour débuter, on trouverait sans doute des manuels déjà faits, de ceux qui sont en usage en d'autres écoles laïques. Ce que j'ai l'intention de réaliser est *si éloigné de ce qu'on a fait jusqu'ici que, s'il n'y a pas de méthodes acceptables, on les créera exprès. Dans cette école, il ne faudra glorifier ni Dieu, ni Patrie, ni rien...*

« Le nom que je donnerais à l'établissement serait : Ecole émancipatrice du vingtième siècle » j'ajouterais pour les imprimés, les enveloppes et autres papiers de la maison : « Extirper du cerveau des hommes tout ce qui les divise, en le remplaçant par la fraternité et la solidarité indispensables à la liberté et au bien être généraux pour tous. »

Il ne voulait pas que les ouvriers auxquels il prêterait son école s'occupent d'élections, ni d'améliorer leur sort ; mais de leur complète émancipation ! Il s'agissait non pas de faire des gens plus heureux, mais des anarchistes poursuivant, avec de fuyantes abstractions, la destruction de tout. Après on aviserait.

. Le « *Vorwaerts* » de Berlin voyait juste quand il écrivait : « Les organes libéraux avancés d'Allemagne présentent Ferrer comme un champion du prolétariat. Il convient de dire aussi que c'était un de ces anarchistes individualistes qui, imprégnés de haine anticléricale et de théories manchestériennes, combattaient le socialisme en Espagne. » Théories manchestériennes... C'est faire bien de l'honneur à ce prétentieux ignorant.

Dans d'autres lettres, Ferrer explique plus clairement encore le but des écoles. En mai 1905, il écrit à sa bonne amie Léopoldine Bonnald :

Nous ne pouvons nous occuper que d'inspirer des réflexions aux enfants sur les injustices sociales, sur les mensonges religieux, gouvernementaux, patriotiques, sur la justice, la politique, le militarisme, etc...,afin de préparer des cerveaux aptes à réaliser une révolution sociale. Il nous est égal aujourd'hui d'avoir de bons ouvriers, de bons employés, de bons commerçants : *nous voulons détruire la société actuelle de fond en comble.* Par conséquent, notre enseignement diffère radicalement de l'autre, puisque les idées inculquées sont vraiment révolutionnaires. Qu'importe que les heures de classe, les matières enseignées ou les règlements

---

(1) Parmi les livres de l'école devait être un ouvrage sur l' « *Urbanité* », ni plus ni moins ! « On y enseignera, exposait Ferrer, qu'en même temps qu'il faut respecter la liberté d'autrui, nous sommes obligés de combattre tout ce qui tend à retarder l'intelligence de l'idéal émancipateur. On conseillera d'inculquer à l'homme qu'il peut vivre sans Dieu ni maître. »

soient chez nous comme ailleurs, c'est secondaire pour nous. Nous n'avons ni le temps ni les moyens de tout changer. Aujourd'hui nous nous contentons d'introduire les idées de révolution dans les cerveaux, plus tard nous verrons. »

Et dans une lettre publiée par la « *Gazette de Cologne* », il disait : « Pour ne pas épouvanter les gens et ne pas donner au gouvernement un prétexte de fermer mes établissements, je les appelle *École moderne* et non École d'anarchistes, car *l'objet principal de ma propagande, je le déclare franchement, est de former dans mes écoles des anarchistes convaincus. Mon désir est la révolution.* Pour la minute, nous devons nous contenter d'inculquer dans le cerveau de la jeunesse l'idée du bouleversement par la violence. Elle doit apprendre que, contre les agents de l'autorité et contre le clergé, il n'y a qu'un seul moyen : la bombe et le poison. »

Il n'y a pas au monde un gouvernement qui eût toléré l'ouverture de l' « École moderne » ; il n'y a pas un gouvernement qui ne se fût informé des doctrines non seulement antireligieuses, mais antisociales qu'on y débitait à des enfants de huit à douze ans. Dans cette Espagne soi-disant rétrograde et antilibérale, il a suffi à Ferrer d'avoir de l'argent pour créer ces repaires, à Barcelone et dans le reste de la péninsule.

Pour diriger sa pouponnière d'anarchistes, Ferrer trouva une de ses anciennes élèves du Grand-Orient de Paris, Mlle Jacquinet. Devenue institutrice des enfants du pacha de Schaka (Egypte), elle était restée en relation avec son professeur d'espagnol. Elle possédait une forte instruction scientifique et détestait toutes les religions. En ceci seulement elle ressemblait à Ferrer. Sentimentale et bonne comme Mlle Meunier, depuis la mort d'une mère qu'elle aussi adorait, l'idée du suicide la poursuivait. Son maître l'en détourna et usa de ses artifices pour la mettre sous sa domination. Il y réussit. Obligée de quitter l'Egypte parce que le gouvernement anglais avait destitué le pacha, à cause de ses sympathies pour la France, l'enjôleur l'appela à Barcelone. Ce choix fut un coup de maître. Mlle Jacquinet dépassait de mille coudées, en cœur, en esprit et en pédagogie, Ferrer. Sa tolérance devait tromper le public et les autorités, sur les intentions de l'impresario. Bientôt, d'ailleurs, son pacifisme déplaira au metteur en scène. Ils se brouillèrent en 1903 et Mlle Jacquinet combattit l'œuvre de Ferrer dans une brochure « *Le Socialisme à l'école* », et dans une revue pédagogique.

<h2 style="text-align:center">V</h2>

Un séminaire d'anarchistes

Examen des livres de l'Ecole moderne. — Leur caractère antisocial. — On y attaque la république aussi bien que la monarchie. — Ferrer n'admet pas que son idéal social puisse se réaliser sans la violence. — Filiales de l'Ecole moderne. — La revue *l'Ecole Rénovée* la fait connaître à l'Etranger. — La ligue internationale pour l'Education rationnelle de l'Enfant.

Nous savons quel but poursuivait Ferrer en fondant l'Ecole Moderne avec les deniers de Mademoiselle Meunier, « morte dans le sein de sa Sainte Mère l'Eglise » le 2 avril 1901. Voyons comment il le réalise. En parcourant les livres qu'il mettait aux mains de ces petits on ne sait qu'admirer davantage : la patience et l'aveuglement du pouvoir gardien de l'ordre social ou l'audace de l'invraisemblable pédagogue anarchiste.

Il fit traduire par son confrère Anselmo Lorenzo *Les Aventures de Nono* du libertaire Jean Grave et voici comment lui-même préfaçait ce livre :

« Une nouvelle édition des *Aventures de Nono*, après trois ans d'expérience dans l'*Ecole Moderne*, où il est le livre favori et a plus que dépassé les espérances qu'il fit concevoir, nous permet de dire que nous avons obtenu avec lui d'excellents résultats. En effet, outre qu'il s'inspire *d'un criterium purement scientifique et humain, il s'adapte parfaitement à la pédagogie rationnelle.* Sa lecture commentée par les élèves, excités et dirigés par les professeurs, pénètre dans leur intelligence. Elle leur inculque la conviction qu'il peut exister une autonomie, toute de paix et de bonheur, opposée à cette argyrocratie où nous vivons, où par l'effet des injustices sociales tout est guerre et malheur. »

Ce livre pour enfants de sept à dix ans est une diatribe féroce contre le capital, l'autorité, l'armée, la justice, l'ordre. Sur la couverture, on voit des magistrats et des militaires avec des figures d'animaux carnassiers. C'est pure pédagogie de troglodyte.

« Au cours d'une des conversations — que Nono avait avec un tailleur, son patron en argyrocratie — Nono lui fit l'observation qu'il avait faite depuis son arrivée à Monadia : les doubles et triples physionomies qu'il avait remarquées chez ses habitants.

« Le tailleur expliqua que ces physionomies diverses commençaient à se dessiner quand les individus faisaient choix d'un métier ou d'un emploi, non avant, puisque les enfants se ressemblaient tous.

« Les soldats, Monadia, les choisissait parmi les fils des ouvriers et des campagnards. Une fois uniformisés leur figure rappelait les mâtins. Ceux qui ne pouvaient acquérir cette physionomie, étaient envoyés loin, en des pays inconnus, d'où ils revenaient rarement. D'autres mouraient vite. Ils ne pouvaient supporter la crise qui transformait leur physionomie. C'était là comme la première mue. Bientôt après ils prenaient facilement la figure de tigre, et ils la gardaient toute leur vie.

« Malgré cela, il y en avait dans l'armée qui n'a rivaient jamais à l'avoir. Ils se contentaient de celle de fouine, de lévrier ou de chien d'arrêt. De cette dernière catégorie, afin de ne laisser personne sans mauvais emploi, on faisait des agents de la sûreté ou espions, des agents du fisc ou des policiers. De ceux-ci, quelques-uns sans uniformes avaient pour mission de se mêler avec la population en général, dans les rues, avec les ouvriers en particulier, dans leurs ateliers et leurs auberges, pour rapporter aux ministres de Monadia tout ce qu'ils entendaient. Ces ministres avaient des figures moitié de chien d'arrêt, moitié de huron, et exhalaient une odeur de pestiférés, dissimulée un peu à force de précautions. Mais en vérité il ne fallait pas être grand physionomiste pour les connaître.

« Parmi les maîtres, ces particularités se concrétisaient plus violemment ; et ils finissaient toujours par ressembler aux loups, aux aigles, aux corbeaux, aux panthères, aux serpents, etc...

« Ceux qui prenaient la figure de loups, de tigres et de panthères se faisaient officiers dans l'armée de Monadia ; les corbeaux, les hyènes, les chacals étaient nommés conseillers du Parlement. Ils avaient pour fonction de débarrasser Monadia de leurs ennemis ou de ceux qui ne se conformaient pas à leurs ordres. »

Le troisième livre de lecture a pour titre « *Patriotisme et Colonisation* ». On y voit huit gravures. Elles représentent : *L'Unique frontière* qui est celle séparant l'ouvrier du bourgeois dans le monde entier ; *Pie IX ordonnant l'incendie de Rome à quelques soldats ; Le Capitole protégé par la force armée :* un bourgeois dodu et repoussant se promenant en voiture pendant que la gendarmerie donne des coups de crosse aux ouvriers ; *L'entrée de recrues à la caserne* pendant qu'un petit élégant, monté sur une pile de sacoches, les regarde, dédaigneux ; *Les Beautés de la guerre :* des cadavres ; *Comme on colonise :* un soldat portant un drapeau où se détache l'emblème de la mort et qui marche sur des cadavres d'indigènes ; *Les victimes du clergé et de l'armée :* le peuple prosterné et mendiant devant un curé ventru et un général fanfaron ; *l'Agneau et les Loups :* les loups sont un curé et un soldat, l'agneau de pauvres diables.

Ce livre comprend soixante citations d'auteurs anarchisants ou tirés dans le sens anarchiste.

En voici un spécimen, signé Boucher de Perthes :

« Autrefois on vous donnait une lance et un écu, ou un arc et des flèches ; actuellement on vous oblige à prendre un fusil avec la baïonnette ; hé bien, croisez vos pattes ; ni pour or, ni pour argent, ni pour promesses, ni pour menaces ne consentez à toucher ces armes.

On enverra contre vous les gendarmes : laissez-les venir. On vous mènera à la prison ; laissez-vous emprisonner. On vous conduira devant les juges : laissez-vous faire. On vous condamnera à vous joindre à un régiment, où l'on vous obligera à faire l'exercice et pour cela on vous présentera de nouveau un fusil. Halte-là ! Souvenez-vous que ce fusil vous est remis pour tuer un homme qui ne vous a fait aucun mal et ne veut pas vous en faire.... »

Voici des lignes signées Fèvre et reproduites dans « *Patriotisme et Colonisation* », qui durent être une semence féconde pour la révolution de Barcelone.

« A la première déclaration de guerre, avant le premier coup de canon, déclarez la grève des soldats, et pour plus de sûreté, en secret et tranquillement organisez-là. »

Le quatrième livre de lecture de *l'Ecole Moderne* était un extrait de l'œuvre de Malvert publié sous ce titre : *l'Origine du Christianisme.*

Ne nous y trompons pas. La monarchie espagnole de Maura, pas plus que la République française de Combes, n'est respectée par les éducateurs à la Ferrer. Voici comment Malato fait parler un jeune catalan arrivant à Paris.

« Sur un mur du Louvre j'ai lu cette inscription : liberté, égalité, fraternité. » Je ne puis t'exprimer l'enthousiasme que m'a causé sa lecture ; je me croyais dans un pays où les habitants étaient des êtres parfaits. Mais ma voiture n'avait pas fini de traverser le boulevard, que je vis des sergents de ville poursuivre à coup de sabre quelques ouvriers. Ce spectacle me causa une douloureuse désillusion et je pensais alors qu'on ne doit pas ajouter foi à ce qui est écrit sur les murailles et ailleurs. »

Le même gosse s'indigne que le peuple de Paris ose célébrer la prise de la Bastille et l'établissement de la troisième République, tant qu'existe la désespérance, tant qu'il y a un capital et que prévaut la bourgeoisie avec son armée et ses lois.

Voici les pensées qu'on dictait à ces mioches :

« Le législateur riche et privilégié, légiféra et légifère toujours contre le pauvre déshérité parce que la loi est toujours un abus de pouvoir. — La patrie, le capitalisme et la religion se sont étroitement liés pour annihiler la personnalité des hommes en la dénaturant. — L'égalité des citoyens devant la loi est une formule trompeuse pour donner une apparence acceptable, évolutionniste, d'opportunisme et de possibilité émancipatrice, à la spoliation systématique à laquelle sont soumis les ouvriers.. .. Les chiffons, tricolores, jaunes et verts, étoilés, symboles de la patrie, ne sont que le symbole de la tyrannie et de la misère.»

Un des porte-voix les plus autorisés de Ferrer, l'anarchiste Malato, déjà cité dans un autre livre de lecture de l'*École moderne* publié en 1905, dit :

« La monarchie procède d'une idée absurde et infâme : celle qui soutient que les peuples comme un troupeau de bœufs, appartiennent à un maître. La république est un mensonge, car elle ne change que les apparences et conserve toutes les institutions de la monarchie. Le maître, qu'il soit élu ou héréditaire, est toujours un maître. L'exploiteur républicain est aussi dur que celui qui crie « Vive le Roi ». Tous les gouvernements sont plus ou moins des limitateurs de la liberté humaine ; tous sanctionnent et protègent l'exploitation d'une classe par l'autre. Notre idéal est la libre organisation, l'absence absolue de gouvernement. Ainsi la richesse sera la propriété de tous. »

Quelle était donc la conception que Ferrer avait du monde ? Où voulait-il en venir ? Au socialisme, au communisme, au phalanstère ? Ne nous cassons par la tête à chercher. Nous perdrions notre temps. Aucune construction sociale ne pouvait entrer dans ce cerveau façonné par un anarchisme enfantin. Il n'eut qu'un but : détruire et par delà l'amoncellement de ruines, il fut incapable d'apercevoir autre chose que de folles abstractions. S'il avait jamais ouvert un vrai livre d'histoire ou simplement un cœur d'homme, il se fut peut-être aperçu que sa pédagogie n'arriverait même pas à dresser des ouistitis. Son système se résume dans ces creuses formules : ni république, ni monarchie, pas d'ouvriers, pas de patrons, la paix, l'amour, la solidarité. Oh ! le méprisable et misérable phraseur ! Et penser que cet homme nous a été présenté comme un maître de la pédagogie, un génie bienfaisant, un lampadaire de l'humanité ! C'est trop fort ! Voilà comment les passions politiques obscurcissent et le bon sens et l'équité.

Nous verrons si Ferrer fut seulement un propagandiste d'idées comme on le prétend. En attendant, notons qu'il n'admettait pas que l'État social dont il voulait gratifier la planète put se réaliser sans violence. Un de ses collaborateurs, Miguel Prat, dans un autre livre de lecture pour ses écoliers avait écrit :

« *Quand un malheureux lance une bombe, il prouve qu'il se sent désarmé, sans force pour lutter contre la coalition de toutes les autorités. Il désespère de vaincre par une action lente. Mais l'action utile est lente, parce qu'elle doit embrasser tous ceux qu'elle intéresse et qui ne comprennent pas en même temps sa nécessité... Nous devons reconnaître que ceux qui se rendent coupables de violence y ont été poussés par des pressions et des influences auxquelles ils n'ont pu résister. Mais nous déplorons qu'une violence se commette. Toujours elle engendre d'autres violences et pose la fausse nécessité de l'autorité dans la préoccupation de ceux dont nous désirons vivement la liberté.* »

Quelle audace, celle de ce Miguel Prat ! Il condamne la violence. L'éditeur, le « tout amour », s'empressa d'ajouter une note pour guérir le venin de cette prose soporifiante et pacifiste. Lisons-la et n'oublions pas que celui qui l'écrit s'est toujours défendu de vouloir une propagande par le fait. Ça été son recours suprême devant les tribunaux.

« S'il venait au monde une génération nouvelle absolument libre de réminiscences ancestrales et avec l'intelligence débarrassée de préjugés, elle comprendrait la vérité à son énonciation et apprécierait comme il convient les faits à la vue de leur simple réalité. Mais il n'en va pas ainsi. La connaissance exacte et la vérité pure ont contre elles la longue et lointaine empreinte de l'hérédité. Non seulement, même les esprits les plus indépendants ne s'en débarrassent pas aisément, mais elle s'approfondit par les idées fausses de tous les jours. Aussi devons-nous *accueillir avec réserve les opportunismes concernant l'époque de transition, comme la censure des actes violents.* Les uns et les autres sont susceptibles du plus et du moins, d'après une infinité de circonstances impossibles à apprécier. Pour cela manque le criterium scientifique.... L'idée que la violence engendre la violence est un cercle vicieux sans fin possible. Toutes les violences commises au profit du privilège et de l'autorité doivent logiquement promouvoir la violence des déshérités et des tyrannisés. Affirmer que la violence entraîne la violence et vouloir que les pauvres, les malheureux privés de richesse et de science, ceux qui sont systématiquement voués à la misère et à l'ignorance, soient des modèles de prudence et de patience persuasive, nous paraît impossible, absurde et inefficace. Il serait évidemment plus rationnel d'admettre qu'à la violence, d'apparence pacifique de ceux qui détiennent le patrimoine universel, *corresponde la révolte constante des dépouillés, jusqu'à ce que, grâce à l'expropriation capitaliste et la réintégration de chacun dans son droit, se rétablisse la normalité sociologique.* Alors l'injustice ayant disparu qui est la cause, disparaîtrait l'effet qui est la violence. Nous reconnaissons la valeur exceptionnelle de l'exemple ; *mais la parole et l'écriture, avec toute leur force indéniable, nous semblent des excitations à la volonté qui si elles ne se manifestent pas par des actes, restent sans efficacité.* »

Nous le demandons : celui qui tient ce langage pourra-t-il l'heure propice venue, hésiter à faire descendre ces théories des cerveaux et des livres, et des écoles dans la rue (1).

En 1905, *l'Ecole Moderne*, de Barcelone, comptait 126 élèves dont 77 garçons et 49 fil.es. Elle avait dans cette province 47 succursales et un grand nombre dans les provinces. Ferrer manœuvrait tout, de main maîtresse, et réussissait à n'éveiller aucun soupçon. Lui-même, dans une note trouvée à son domicile, constate le phénomène et l'explique :

« Peut-être en observant dès le début une certaine prudence, en ne faisant pas ostentation de théories qui auraient soulevé contre nous l'opinion bourgeoise et auraient rendu irréalisable notre entreprise, avons-nous réussi à ne pas attirer l'attention. Peut-être le devons-nous aussi à la négligence de l'administration espagnole qui n'a pas daigné s'informer du véritable objet de notre enseignement, ou ne l'a pas cru dangereux ni nuisible à ses intérêts, ou qu'elle s'est pas préoccupée de son développement possible. Mais, si l'on réfléchit à ce que représente le nombre

---

(1) M. Sangro y Ros de Olano a recueilli des textes encore plus suggestifs dans les livres de l'*Ecole Renovée. Cf. La Sombra de Ferrer*, p. 100-120.

d'enfants dispersés dans ces écoles pour l'avenir, en cerveaux émancipés, en partisans de nos revendications, on se formera une idée de ce que sera la génération future. Si partout on sentait la nécessité de créer des centres d'éducation libérateurs des esprits et des consciences, ne serions-nous pas bientôt prêts pour l'événement attendu. Si la répression arrivait, si elle tentait d'arrêter dans son merveilleux développement notre marche en avant, alors... »

Tout réussissait à ce diable d'homme. Ne vit-on pas un jour un recteur de l'université de Barcelone, fonctionnaire de la monarchie, présider l'ouverture d'une des succursales de *l'Ecole moderne*, à Villanueva y Geltru !

Il fallut le bruit de la bombe homicide de Morral pour attirer l'attention sur la pépinière anarchiste. Le gouvernement libéral ferma *l'Ecole moderne centrale* en décembre 1906, mais il laissa ouvertes toutes les succursales où se réfugièrent maîtresses et élèves de la maison mère. Ferrer n'eut qu'à se féliciter de sa prison et de la bombe de Morral. L'une et l'autre mirent en relief et en valeur son œuvre. De tous les coins de l'Espagne accoururent vers ses écoles de l'argent, des élèves et d'ardentes sympathies.

L'heure ne pouvait être plus favorable pour faire rayonner l'influence et les idées du pédagogue, porté sur le pavois par la franc-maçonnerie et l'anarchie internationales. Il ne pouvait songer à créer des *Ecoles modernes* en France. On ne les y eut pas supportées. Mais son nom et sa louange devaient résonner aux quatre coins de l'Europe. Il servirait de signe de ralliement à tous les révolutionnaires. Ceux-ci, à leur tour, l'aideraient dans son labeur en Espagne, et aux heures difficiles le défendraient, le soutiendraient de leurs cris, de leurs colères feintes ou vraies, contre la réaction, qui empêchait sa marche en avant. Notons cette emprise de Ferrer sur l'opinion européenne, plus au moins révolutionnaire. Nous n'aurons aucune peine à comprendre, plus tard, la clameur que souleva son procès au dehors, alors que presque tout le monde se taisait en Espagne. Sa roublardise, secondée de l'argent de Mlle Meunier, avait concentré vers sa personne, tous les fils conducteurs de la renommée. Il les remuait derrière la coulisse et signait modestement *Zero*.

Le 3 décembre 1907, il écrivait à Laisant :

« Je publierai à Bruxelles en janvier 1908, une revue *l'Ecole Rénovée*, prolongement international de *l'Ecole moderne* de Barcelone. L'objet de cette revue est l'élaboration d'un plan d'éducation rationnelle, conforme aux observations de la science actuelle. Je voudrais fonder cette école dont j'ai trouvé l'expression plus ou moins complète dans des livres et des publications où elle apparaît à l'état de projet, mais j'ai cru qu'il serait nécessaire d'amorcer l'œuvre par la discussion... Je compte préparer à Barcelone, dès que les circonstances le permettront, l'établissement d'une Ecole normale, où se formeront les hommes qui doivent se consacrer à l'éducation des enfants dans la future Ecole nouvelle... »

De Bruxelles la revue *l'Ecole Rénovée* passa le 1er janvier 1909 à Paris, où, au lieu d'être mensuelle, elle fut hebdomadaire. Il en fit l'organe des instituteurs syndicalistes. Dans un article signé par lui, il leur disait :

« On offre à ceux qui veulent renouveler l'éducation de l'enfance deux moyens d'actions : travailler à la transformation de l'Ecole par l'étude de l'enfant, afin de prouver scientifiquement que l'organisation actuelle est défectueuse, et introduire chez elle des améliorations progressives — ou bien fonder des écoles nouvelles où l'on appliquera directement les principes qui répondent à l'idéal qu'ont de la société et des hommes ceux qui repoussent les mensonges conventionnels, les préjugés, les cruautés, les tromperies, les mensonges (2 fois nommés), sur lesquels se fonde la société moderne. »

Ses relations et son influence en Europe étaient si étendues qu'il put arriver à créer une *Ligue internationale pour l'éducation rationnelle de l'Enfance*. Son objet était de « faire pénétrer, dans l'enseignement de tous les pays, les idées de science, de liberté et de solidarité. » On établit un comité d'initiative et de direction dont le président honoraire était Anatole France ; le président effectif, Ferrer ; le vice-président, Laisant ; le secrétaire, Charles Albert ; les membres William Heaford (pour l'Angleterre), Hoeckel (pour l'Allemagne), Sergi (pour l'Italie), Paul Gilles (pour la Belgique), et Eysinga (pour la Suisse). On admit immédiatement dans la ligue des syndicalistes rouges bien connus et des anarchistes.

Le 8 mai 1908, *El Progreso* de Barcelone, organe des radicaux lerrouxistes, annonçait en ces termes la transformation du *Bulletin de l'Ecole moderne* :

« Une fois vaincues les difficultés qui déterminèrent la suspension de la méritante revue, le premier jour de mai, parut de nouveau à Barcelone *El Boletin de la Escuela moderne*, converti en édition espagnole de la revue. *L'Ecole Rénovée* qui se publie à Bruxelles, sous la direction du Comité International pour l'éducation rationnelle de l'enfance... A la première page du *Bulletin* ont fait savoir à tous que l'Ecole moderne poursuit sa marche, sans modifier ses procédés, ses méthodes, ses orientations et ses projets. Elle poursuit sa marche en avant vers l'idéal, car elle possède l'évidence que sa mission est redemptrice et contribue à préparer, par le moyen de l'éducation rationnelle et scientifique, une humanité meilleure, plus parfaite, plus juste que l'humanité présente. »

Alors Ferrer commençait à s'éloigner de tous les groupes politiques, radicaux ou socialistes, pour concentrer son action sur le prolétariat et sur la diffusion dans ses rangs des idées révolutionnaires. Dès le 8 février 1908, il avait écrit à Jaime Garriga, de Buenos-Aires :

« Je ne suis pas surpris que vous soyez mécontent des libres penseurs, et aussi des hommes politiques. Comme vous le dites dans votre brochure, ils sont aussi néfastes que les curés. Il n'y a pas grand'chose à attendre des libéraux ou de ceux qu'on désigne de ce nom. Il vivent eux aussi de l'ignorance et de l'exploitation de la classe ouvrière. Le salut est dans les idées révolutionnaires les plus radicales, dans la révolte populaire, qui jettera bas le régime politique existant et en établira un de véritable police économique (??). La réforme, proposée par vous, et l'enseignement de mes deux années ne seront mis en pratique que dans les pays qui révolutionnairement se trouveront *auparavant* émancipés de la religion et du capitalisme. »

Les radicaux espagnols se retiraient peu à peu de l'ambiance de Ferrer. Ils le trouvaient trop anarchiste. Mais lui s'avançait, imperturbable dans sa tâche.

En 1904, il a assisté au Congrès de la libre pensée à Rome. Depuis lors, il possède de nombreux amis en Italie. Il les encourage de sa parole et de son argent. Le 10 avril 1908 se fonde à Turin *La Guerre sociale*. Il écrit à ces bons ouvriers de son idéal :

« Amis de la *Guerre sociale*, je suis de cœur avec vous dans votre vaillante entreprise de lutte pour l'éducation prolétarienne et pour l'union et l'action révolutionnaire. »

<h2 style="text-align:center">VI</h2>

Ferrer et les attentats de Paris et de Madrid

On sent sa main partout, on ne la saisit nulle part. — Sa participation probable aux attentats de Paris et de Madrid. — Il écrit de la prison à Moret, Président du Conseil. — M. Salillas, républicain radical, directeur de la Prison Modèle, fait le portrait de Ferrer.

Les défenseurs de Ferrer, acculés devant les textes, ont soutenu qu'il avait borné son œuvre révolutionnaire effective, à l'École moderne. Examinons cela.

Ce n'est pas douteux. Ferrer était partisan de la propagande par le fait : nous l'avons vu. Mais roublard et fin matois, comme pour s'imposer aux simplettes et gagner leur fortune il savait se faire tout miel « tout amour », il s'entendait merveilleusement à se dérober aux responsabilités en poussant les autres aux violences. Il manœuvrait les pantins et prenait les plus méticuleuses précautions pour que personne ne le soupçonnât derrière. On sentait sa main partout, on ne la saisissait nulle part. Il alimentait les passions antisociales, il les excitait de son argent et même de ses femmes, à réaliser son idéal : détruire par les grèves et par les bombes. On avait beau regarder, on ne l'apercevait pas.

En 1901, pendant que s'ouvrait l'*École moderne*, paraissait à Barcelone le journal la *Grève générale*, subventionné par Ferrer qui chargea, de la direction et de la responsabilité visible, l'anarchiste et pauvre hère, Ignacio Claris. Celui-ci mena si bien la campagne qu'au mois de juin 1902, après un appel à tous les ouvriers, où sont formulées les idées subversives du maître, éclata dans la capitale catalane une grève qui s'étendit à près de 80.000 travailleurs de tous métiers. Elle échoua. Ferrer ne fut pas tracassé. La police ignorait même son existence ! Ce qui ne l'empêchait pas d'écrire, le 20 février 1903, à un ami :

« Il n'y a ici rien de neuf. Les idées font peu à peu leur chemin dans la classe ouvrière. S'écoulera-t-il beaucoup de mois, beaucoup d'années, avant de faire quelque chose de sérieux ? Pour ma part, je ne cesserai de pousser à la roue. »

Eut-il quelque responsabilité dans l'attentat de la rue de Rohan (31 mai 1905) dirigé contre le roi d'Espagne et le président Loubet ? On ne peut l'affirmer avec certitude. L'employé de l'agence expéditionnaire qui envoya à Paris la bombe, en présence de la photographie de Morral, reconnut celui qui avait remis le colis. Or, Ferrer avoua depuis qu'il était en relation avec Morral, dès 1914, lequel partageait ses idées. Quelques jours avant l'attentat, un autre anarchiste, Vallina, compromis dans ce crime sans qu'on ait pu prouver sa culpabilité, se trouvait à Barcelone en compagnie de deux amis de l'*École moderne*. D'autre part, ce fut Ferrer qui dépêcha à Paris, Lerroux, pour témoigner en faveur des accusés. Celui-ci osa déclarer que la bombe de la rue de Rohan aurait bien pu être lancée par la police espagnole, afin d'obliger le Roi « à revenir dans son pays », ce qui suffit, paraît-il, pour faire absoudre les accusés... Ne soupçonne-t-on pas en tout cela, un argent, une main et une intelligence directrice ?

Le 31 mai 1906, singulière coïncidence de dates, au moment où le roi d'Espagne et sa jeune femme Victoria de Battenberg, sortaient de l'église où ils avaient reçu la bénédiction nuptiale, et traversaient avec leur brillant cortège la Calle Mayor, une bombe fut jetée d'un balcon dans cette mêlée humaine. Le couple royal échappa aux éclats du terrible projectile, mais vingt-quatre personnes furent tuées et cent-six blessées. A la faveur de la cohue qui se produisit, le meurtrier réussit à s'échapper. On savait pourtant que Mateo Morral était le coupable. Caché d'abord par le radical Nakens, il s'enfuit à travers champs et ne fut pris que deux jours après le crime, par un garde de Torrejon de Ardoz, près de Madrid. Il tua le garde et se tua ensuite.

La complicité de Ferrer dans cet attentat, fut, en général, admise par l'opinion publique. Voici les faits : Quelques jours avant le crime, un anonyme dévoila le dessein de Morral au gouverneur de Barcelone. En même temps le ministère de l'intérieur était prévenu par l'ambassadeur d'Espagne, au nom de la police française, d'avoir à surveiller Ferrer. On ne fit pas attention à ces avertissements. Morral, nous l'avons dit, après son crime se réfugie chez Nakens qui le soustrait aux recherches de la police en se réclamant de ce principe : « Le crime politique n'est pas infamant, mais bien la délation du crime ». Or, à Barcelone, Morral habitait chez Ferrer à l'*Ecole moderne* et l'on découvrit dans sa chambre de nombreuses feuilles anarchistes. De plus c'est à lui que le Directeur laissait, quand il partait, une des clefs du coffre-fort loué au Crédit Lyonnais. Nakens aussi était en relations avec Ferrer qui lui écrivait le 25 de ce même mois de mai.

« Il pourrait paraître étrange que je charge un ennemi des anarchistes de deux manuscrits, qui doivent figurer dans ma bibliothèque, dont la raison d'être *est, je l'avoue, de faire des anarchistes convaincus.* »

Un autre révolutionnaire, Estévanez, qui résidait à Paris, se trouvait de même en correspondance suivie avec Ferrer. Le 9 mars 1906, il lui écrivait :

« Faites-moi le plaisir de dire à Roca (ce Roca est le 2e nom de Mateo Morral), de ma part, que ces jours-ci seulement j'ai pu quitter la chambre, ayant été grippé. Je lui enverrai des livres d'électricité. Je ne l'ai pas encore fait, car je n'ai pu voir aucun traité d'application à la *guerre* (??), pas même dans les librairies militaires de la rue Danton. Je suis complètement de son avis. Avec des discours et des petits livres, nous n'arrivons à rien. Je suppose qu'il ne parle pas ainsi pour moi. J'écris peu et je parle moins. Les actes décisifs il faut les attendre des jeunes. N'importe quel pharmacien ami vous donnera mieux que moi la recette du sable (??), car il n'y en pas une mais plusieurs et je ne suis pas chimiste... »

. Le premier mouvement du Directeur de l'Ecole moderne quand la nouvelle de l'attentat de la Calle Mayor arriva à Barcelone, le 31 mai après-midi, fut de quitter cette ville. Le soir, il annonça à Soledad et à ses amis qu'il partait. Il se ravisa, ne voulant peut-être pas se compromettre par la fuite. On ne le vit pas cependant de tout le jour suivant, 1er juin, à l'école. Son nom commençait à circuler dans les journaux.

Dans le but de couper les ailes au soupçon, il alla s'offrir à un officier de paix pour aider l'action de la justice. Cette démarche n'empêcha pas que deux ou trois jours après on l'arrêtât. Il fut envoyé à Madrid à la disposition du Juge d'instruction.

Cela peut paraître étrange, mais sous la pression du gouvernement, les tribunaux relâchèrent Ferrer. Salillas, un député républicain de Madrid, en convenait lui-même, en 1910, devant les Cortès :

« Ferrer disait-il, fut si favorisé dans son premier procès, que par des interventions, connues de tous, la pensée du ministère public fut déviée. Il faut dire les choses comme elles sont... A cette occasion il y avait un courant de pression, un courant de crainte, et cela explique un ensemble de choses et le dénouement qu'eut l'affaire. »

Quand on sait comment fonctionne la police en Espagne, on ne sera pas étonné qu'elle n'ait pu découvrir rien qui établit la complicité effective de Ferrer, que les journaux signalaient comme responsable. Pour qu'elle se doutât de son existence, et de celle de l'*Ecole moderne*, il fallut apprendre que Morral qui venait directement de cette Ecole, était l'ami du Directeur.

De sa prison, Ferrer qui avait des accointances partout, remua l'Europe en sa faveur. Cette agitation émut le gouvernement. L'habile homme connaissait son monde. N'eut-il pas l'audace rusée d'écrire à Moret, président du Conseil, une lettre flatteuse que publièrent naturellement les journaux ? Elle débutait ainsi :

« Sans avoir au préalable consulté mon avocat je me permets de m'adresser à vous. Je suis impressionné par la lecture de la presse, et d'autre part je vous ai toujours considéré comme une des personnes les plus intelligentes de la politique espagnole et de meilleurs sentiments. Ne vous préoccupez pas des nouvelles transmises de Barcelone sur ma fortune, ni sur d'autres mystères, complots et intelligences d'aucune sorte... etc. »

Pouvait-on ne pas aspirer un encens de si agréable odeur, offert par le grand homme emprisonné, que toute l'Europe enviait à l'Espagne et voulait arracher aux grilles de l'inquisition? Le cœur sensible de M. Moret et sa volonté trèsversatile se laissèrent toucher et tourner à l'indulgence. Fidèle à l'usage commun en ce pays, il communiqua aux représentants de la justice ses impressions et.... ses désirs à demi voilés.

Nous avons nommé M. Salillas. C'était un député républicain-radical ou lerrouxiste de Madrid. Sa science de criminalogiste, reconnue de tous, le fit nommer directeur de la Prison Modèle de la capitale. En cette qualité, il eut chez lui Ferrer en 1906. Il voulut étudier le personnage autour duquel on commençait à faire tant de tapage en Europe. Il ne s'en laissa pas imposer et s'aperçut vite que le dieu n'était qu'une cuvette.

Voici quelques résultats de son observation. Il nous les a laissés dans un article sur « la cellule de Ferrer » publié par une revue pénitentiaire, et dans un discours prononcé au mois de Juillet 1910 devant les Cortès.

« Ferrer, dit-il, était une petite personnalité et une petite intelligence... Au début, il s'appliqua à ce que nous pourrions appeler la pictographie transplantée, c'est-à-dire, qu'il orna sa cellule de caricatures antireligieuses et antimilitaristes découpées dans certains journaux indisciplinés comme l'*Asino*, les *Corbeaux*, les *Temps nouveaux*, l'*Action* et *El Dilucio* ». Puis il se mit à écrire sur les murs des phrases rimées d'une étourdissante vulgarité. Il y exposait en de sottes abstractions ses doctrines anarchistes. « Un jour, dit Salillas, il m'appela à sa cellule. Là, d'une parole mielleuse, — car vous observerez que si Ferrer n'avait aucune des qualités requises pour influer sur les foules, il en avait de singulières pour influer dans l'intimité — donc d'une voix mielleuse, il me déclara que sa famille désirait un de ses portraits. Ne se trouvant pas dans les conditions voulues pour poser devant un appareil, il me priait de lui donner une des photographies qui étaient dans le cabinet de la Prison Modèle. Je lui dis que, sans inconvénient, je consentirai à ce qu'il se fît photographier d'autre manière, afin de pouvoir envoyer son portrait à sa famille, dans le cabinet même de la prison. Serait-ce avec un photographe étranger ? Il me répondit que non. Il y avait urgence et il avait besoin du portrait. Ma surprise fut grande quand quelques jours après, la fiche judiciaire, c'est-à-dire, le portrait avec le stigmate du numéro, paraissait publié dans une revue de propagande sectaire. Ainsi donc Ferrer m'avait trompé. Il avait prétexté le désir de sa famille pour être utile à une feuille de propagande. C'est là un signe révélateur de son caractère qu'on désigne d'ordinaire sous le nom de tromperie. Il était aussi intolérant que les plus intolérants. Un jour il se trouvait à la porte de sa cellule appuyé à la balustrade du corridor. Comme toujours il avait la tête nue ; il ne se couvrait pas, même durant les promenades. En ce moment on entendit la cloche du sacristain et on vit le prêtre qui portait le viatique à l'infirmerie. Ferrer entra rapidement dans sa cellule, mit la casquette et sortit la tête couverte. »

Quand les tribunaux l'eurent relâché, Salillas, estomaqué par le bruit d'admiration fait autour de ce prisonnier, dont il avait mesuré l'étroitesse et sondé la banalité, écrivit la brochure dont nous avons parlé. La fameuse conférence donnée à Rome par le professeur Colejanni : *Pour Ferrer et contre le péril catholique*, la provoqua. Elle est dédiée à Lombroso. Voici ce qu'on y lit sur le grand homme :

« Ceux qui connaissent la simplicité et la beauté du vêtement de la pédagogie moderne ne croiront sûrement pas que le fondateur de l'*Ecole moderne* soit un salisseur de murailles (*manchaparedes*) comme n'importe quel prisonnier plus ou moins vulgaire de cette prison ou d'autres. Ils ne le croiront pas, vu la signification pédagogique et anthropologique qu'ont ces tendances. Certains les considèrent comme des signes d'enfantillage, et d'autres voient même en elles des signes de crétinisme. S'ils le croyaient, ils essaieraient de l'excuser en quelque manière, et l'excuser serait de prouver qu'il vécut dans un isolement absolu n'ayant ni encrier, ni plume, ni papier, pour extérioriser ses pensées. Ne croyez pas, illustre professeur, qu'il en ait été ainsi, car étant donnée notre impérissable réputation d'inquisiteur, on aurait de suite publié que « il nuovo mentuco del libero pensiere e della liberta humana » avait été martyrisé de cette façon. Ferrer durant sa prison, a entretenu une abondante et libre correspondance écrite, nationale et internationale. Mais son esprit, sans doute violemment communicatif, a voulu se manifester par écrit sur toutes les surfaces de sa cellule, non pas parce que le régime cellulaire soit ici rigoureux, car il comporte plus de liberté de communiquer que d'autres restrictions... Quand dans la conférence « Pro Ferrer » de Colajonni, on l'appelle « un philosophe en qui l'on veut châtier ce qu'il y a de moderne et de progressif dans la société contemporaine », je me disais, en me répétant plusieurs des accusations dont nous nous chargeons en examinant nos consciences : Toujours la même chose ! Ce sont toujours les étrangers qui devront nous découvrir ! Voici un philosophe philanthrope qui a remué l'Europe et nous ne commençons à le connaître que lorsque la police l'arrête et la justice le soumet à son tribunal ! » Mais maintenant que le procès est

terminé, que la victime est sauvée, la tourmente conjurée et les âmes en paix, il
m'est bien permis de m'adresser à l'illustre Colejanni, que scientifiquement je
connais et j'admire depuis longtemps, et l'inviter, lui sociologue, à organiser un
autre procès avec les matériaux graphologiques que je lui soumets. Si je pouvais
immédiatement l'accompagner dans la cellule où Ferrer a été renfermé, je lui
dirais : « Onerovole Colejanni, regardez la cellule. Voici le philosophe ! C'est ça
qui constitue le moderne et le progrès dans la société contemporaine ! Pauvre
société ! »

VII

L'activité révolutionnaire de Ferrer
Son altruisme

**Il poursuit son œuvre révolutionnaire souterraine. — Il fait
pénétrer l'anarchisme dans les organisations ouvrières
espagnoles. — Son altruisme : comment il est fidèle aux
intentions de Mademoiselle Meunier. — Sa dureté envers ses
collaborateurs.**

A entendre les panégyristes de Ferrer, il n'aurait été qu'un illustre
pédagogue, toujours éloigné des mesquines contingences de parti. On
l'a présenté comme un martyr de l'enseignement. Ce que nous avons
dit proteste assez contre ces affirmations audacieuses. Mais, écoutons
le lui-même nous exposer ses plans de bataille. Il faisait traduire dans
El Progreso du 29 décembre 1908, un article où on lisait :

« Les socialistes espagnols, s'écartant de la tactique des socialistes systèmo
Pablo Iglésias, ne combattent pas les républicains qui luttent contre la monarchie.
Au contraire, *nous autres* nous nous organisons dans la mesure possible, formant
des syndicats et des fédérations, pour arriver à établir la *Confédération générale*
espagnole. Ainsi, quand le parti républicain se décidera, nous pourrons, *nous*, prendre part à la lutte et faire sentir le poids de *notre force* pour que la République
espagnole soit une République sociale, communiste et libertaire dans la mesure
possible... »

Il fait ici allusion à la *Solidarité ouvrière*, sorte de fédération de
sociétés de résistances, fondée en janvier 1908, à la suite du Congrès
anarchiste de 1907, à Amsterdam. A la demande de Malatesta, on avait
voté une motion, en vertu de laquelle l'anarchisme devait pénétrer
dans le mouvement syndicaliste et s'en servir pour préparer le Grand
Soir. Ferrer se chargea de la chose pour l'Espagne. Le président de la
Solidarité ouvrière fut José Rodriguez Romero, très ami du directeur de
l'Ecole moderne. Le secrétaire était Miguel Vicente Moreno, maçon,
entrepreneur, et à ses heures, maître d'école. Ferrer l'avait mis à la
tête d'une des succursales de son œuvre d'émancipation à Sans. Il
avait aussi avancé de l'argent pour le local de la *Solidarité*. Le fait
ressort de la lettre adressée par lui à Malato le 1er octobre 1909. Il y
reconnaît qu'entre les papiers saisis dans sa maison de Mongat, figurait
une lettre d' « Anselmo Lorenzo qui parlait d'un prêt de 900 pesetas
qu'il avait avancé à la *Solidarité ouvrière* quand celle-ci loua le local
social ». Mais toujours sur ses gardes, il tenait à conserver un prudent
incognito. On va le voir dans cette lettre même d'Anselmo Lorenzo, qui
a été trouvée et publiée :

« Mon bon ami Ferrer, je crois convenable de vous faire savoir que sans que vous m'ayez révélé la solution donnée à l'affaire du cautionnement pour le local de la Solidarité Ouvrière, j'ai su son résultat, bien qu'il eût été entendu de garder le secret. Grace à mon intervention au congrès, par une communication que publia *El Progreso* avec des fautes corrigées dans *Tierra y Libertad*, le secrétaire Moreno vint me voir et me dit confidentiellement que vous aviez donné aux commissionnés Badia, Romero et à Moreno lui-même, une somme respectable. Il n'y a pas à s'étonner que Moreno me l'ait dit. Il a cru, en me révélant le secret, ne pas manquer à son engagement, estimant que je méritais cette confiance. Mais comme les deux autres individus savent une chose secrète, il ne faudrait pas s'étonner qu'elle fût bientôt la chose de tous. J'estime que le Romero ne pourra pas la garder. Quant à Badía, Moreno lui-même me dit qu'il avait été privé de sa charge dans le conseil de la Solidarité Ouvrière pour des fautes bien évidentes, qui tendaient à livrer le mouvement aux socialistes et à mettre la Solidarité à la disposition de Pablo Iglesias. Il est possible et probable qu'il fera du secret demandé le secret de polichinelle... Barcelone, 13 septembre 1908. »

La même année, une société amie de Ferrer, à Villanueva y Geltru, lui avait demandé une aide pour subvenir à sa détresse. Il envoya 25 francs et une lettre où il disait :

« On ne prêterait pas l'oreille à nos réclamations si nous cherchions l'appui dans le parti ouvrier international. Il traverse en ce moment une période de lutte terrible, dans laquelle tous ses efforts tendent à unir et organiser les travailleurs révolutionnairement, pour aller sans détour à l'expropriation capitaliste, entreprise que tous nous devons seconder et imiter. »

Le journal, la *Solidaridad obrera*, organe du mouvement syndicaliste anarchiste de Barcelone, était *au moins* approvisionné d'articles par Ferrer. Son ami, Cristobal Litran, l'a déclaré dans *El Progreso* du 13 octobre 1910 :

« Ferrer était épris d'amour (*enamorado*) pour le mouvement syndicaliste et il s'appliquait à l'encourager. De Paris et de Londres, il m'envoyait des coupures de journaux avec des nouvelles ayant trait au syndicalisme, me chargeant de les faire traduire pour la *Solidaridad Obrera*. »

Or, celle-ci fut l'âme de la grève générale et de la révolution de Barcelone en 1909. Anticipant ses réunions ordinaires de délégués, elle en convoquait une pour le 23 juillet. Le gouverneur l'interdit. Cette défense, publiée par tous les journaux, n'eut d'autre résultat que de faire accourir à l'assemblée plus d'ouvriers aguichés par elle. Les socialistes, peu nombreux à Barcelone, se laissèrent entrainer par le mouvement dont *la Solidarité* prenait l'initiative. La grève fut décidée pour le lundi suivant et le comité qui devait la diriger constitué. Il comprenait Romero et Vincente Moreno, déjà nommés, Fabre Ribas pour les socialistes, Francisco Miranda pour les anarchistes et les libertaires. Les républicains radicaux se contentèrent d'exciter l'opinion.

On peut tout refuser à Ferrer, disent ses défenseurs, sauf l'altruisme. Voyez, poursuivent-ils, comme il emploie l'argent reçu en des œuvres d'enseignement, au lieu de s'en servir pour son profit personnel. Pauvre Mademoiselle Meunier ! si elle eut quitté son tombeau et pu voir l'usage qui était fait de sa fortune et de celle de sa mère, à fonder des repaires d'anarchistes, à entretenir des journaux et des associations libertaires, quelle indignation et quelle amertume ! Ce n'est pas pour cela qu'elle avait constitué Ferrer héritier. Il eut mieux rempli les intentions de cette donatrice en ne laissant pas mourir de faim ses femmes, son fils et ses filles. Le chambardement général, la destruction de la société, pressaient plus à ses yeux que l'accomplissement de ses devoirs de père, d'époux et de séducteur. En consacrant la fortune de Mademoiselle Meunier à fonder l'Ecole moderne, il se donnait un air de fidélité à la volonté d'une morte, et il servait au mieux ses passions de politicien anarchiste. Son intérêt et son égoïsme étaient avec la gloriole, la puissance, le relief que cette libéralité lui donnait ; son devoir et son altruisme de l'au. e côté, pénibles, ennuyeux, ignorés. Le dévouement à l'humanité, s'il n'est pas un mot sonore et vide, doit atteindre d'abord ceux à qui nous attachent les liens du sang, qui sont liens de justice.

Voyons de près l'altruisme du grand homme. Laissons d'abord parler l'ancien directeur de la prison modèle de Madrid, Salillas, républicain radical. Nous avons cité sa brochure sur « la cellule de Ferrer » :

« Nakens, dit-il, demanda un jour une aumône et un abri pour les prisonniers, dans une lettre à la marquise de Squilache. Cela ne plut pas à mon hôte. Il pensait qu'il convenait d'éviter que ces choses arrivent. Cloîtré dans cette conviction rationaliste, il ne pouvait sympathiser avec le sentiment de simple pitié qui porte à donner à manger à l'affamé et à vêtir l'homme nu. C'est bien cependant là ce qui importe tout d'abord, alors même qu'on travaille à établir une organisation sociale sans misères. »

Voici un cas plus probant encore. Dans les débuts de l'Ecole moderne, un collaborateur subit un déficit qui représentait pour Ferrer la perte de mille francs et plus. Un autre collaborateur s'apitoya sur le pauvre malheureux collègue et écrivit au fondateur :

« En accueillant le coupable, ai-je bien ou mal fait ? M'approuvez-vous ou me blâmez-vous ? Dois-je continuer la mission de rachat que j'ai entreprise en sa faveur ? Il vint hier pour savoir si j'avais de vos nouvelles. Il reviendra aujourd'hui. Il travaille, d'après ce qu'il dit, mais est fou de désespoir. »

Ferrer, l'ennemi du capitalisme, le bon cœur, répondit à l'intercesseur en repoussant impitoyablement sa requête. Celui-ci répliquait le 30 mai 1901 :

« Je ne puis m'empêcher de penser que nous travaillons contre nos propres idées, qui nous montrent la société bien plus coupable que l'individu lorsqu'il se trompe... Si nous l'abandonnons à lui-même, son désespoir peut l'entraîner à des actes irréparables... Si nous lui donnons la main, peut-être le ferons-nous rentrer dans la bonne voie... »

Le « tout amour » ne voulut rien entendre. Il écrasa de sa réprobation le pauvre malheureux, le chassa de l'Ecole, et celui qui avait osé le défendre eut, quelque temps après, le même sort.

Qui ne consentait pas à être l'esclave aveugle de Ferrer et de son argent devait se démettre. Mademoiselle Jacquinet, qui fut au début l'âme et la sauvegarde de l'Ecole moderne, quitta son poste de directrice en juillet 1902, et, en juillet 1903 abandonna l'œuvre complètement, ne lui ménageant pas ses critiques. Ferrer se sépara également de Salas Anton et de Corominas Maseras, tous deux révolutionnaires, mais esprits droits et désirant ne pas aliéner toute leur indépendance.

VIII
La révolution de Barcelone et la participation de Ferrer

Impopularité de la guerre au Maroc. — Les révolutionnaires en profitent. — Les atrocités de Barcelone. — Ferrer présent en Espagne. — Il se cache. — On le découvre le 31 août. — La condamnation. — Résumé des éléments d'accusation contenus au *Dossier* du procès.

La guerre du Maroc en 1909, ne fut pas populaire en Espagne. On la disait faite pour protéger une entreprise financière de mines que le roghi avait concédée dans les environs de Melilla. Le souvenir des douloureuses défaites, qui avaient arraché les Philippines et Cuba, était vivant et cuisant. On se souvenait des emballements d'alors, de la pression exercée sur le gouvernement. La réflexion venue avec les deuils nationaux, on avait peur de le voir se lancer dans d'autres aventures. On demandait aux hommes d'État de refaire les finances, de corriger les abus criants des administrations. La besogne pressait autant que de conquérir quelques pans de terre africaine.

La presse exploita habilement ces dispositions de l'opinion. Le gouvernement l'indisposa encore par des mesures maladroites. Ayant besoin de soldats pour la campagne du Rif, au lieu de prendre les contingents dans les casernes, il fit une levée de réservistes, la plupart gens mariés avec femmes et enfants à faire vivre. Maladresse plus dangereuse. Ces réservistes furent levés de préférence dans les provinces catalanes et envoyés au Maroc avec beaucoup de soldats de la garnison de Barcelone qui se trouva sans défense. Indignation de ces provinces qui accusent toujours l'Espagne de vivre à leurs dépens et où, même le séparatisme a des protagonistes.

Le moment était donc favorable aux agents de troubles, si nombreux dans la cosmopolis méditerranéenne. Nous avons vu la grève générale décrétée le 23 Juillet par la *Solidarité ouvrière*, à tendances anarchistes, et acceptée presque à contre cœur par les délégués socialistes. Les uns et les autres commencèrent une intense propagande dans leur milieu. Cependant le 26 la majorité des ouvriers travaillaient, et les tramways circulaient encore. L'autorité, on doit le dire, ne vit pas dès le début la gravité de la situation. Elle ne prit quelques mesures de précaution que le 26. Elles exaspérèrent les grévistes sans les arrêter. Le 27, le travail, la circulation des tramways, la vie industrielle et commerciale, cessaient. Les grévistes, devenus révolutionnaires, élevaient partout des barricades et résistaient aux forces de police lancées contre eux. Or, ces forces étaient dérisoires. La garnison n'avait guère que 1400 soldats. Après avoir mis les hommes nécessaires à la garde des casernes, des édifices publics, des forteresses, du parc d'artillerie, il en resta à peine 800 pour combattre les émeutiers, dans une ville de 900.000 habitants.

Ils eurent le champ à peu près complètement libre. L'incendie des couvents et des églises commença le soir du 27. Jusqu'au 31, Barcelone fut livrée aux pires énergumènes. Personne n'osait s'aventurer dans les rues ! Ils brûlèrent 22 églises, 34 couvents, 22 établissements de bienfaisance religieuse, et 19 édifices particuliers et officiels. Les flammes dévorèrent une bibliothèque de 80.000 volumes, des cabinets de physique et de chimie, des collections précieuses. A la mairie de Sabadell, incendiée par eux, les révolutionnaires repoussèrent à coups de fusil ceux qui voulaient échapper à la fournaise. Ils tuèrent ainsi trois hommes et en blessèrent un. Les autres ne se sauvèrent que parce que la force armée arriva à temps pour mettre en fuite les forcenés. Les sœurs Adoratrices et leurs 14 élèves durent à la même intervention d'être délivrées du feu qui consumait leur immeuble. Ailleurs les religieuses se sauvèrent par les toits, aidées des voisins. Trente-cinq cadavres à Barcelone et deux à Sabadell furent déterrés et abandonnés au milieu des rues, après qu'on les eut profanés et odieusement traités. Ces sauvages ivres coupèrent les rails et les fils télégraphiques, détruisirent des passages à niveau, firent sauter un pont. On .compta *cent deux* morts et trois cents douze blessés.

Je pourrais émouvoir la sensibilité du lecteur en racontant certains assassinats monstrueux de religieux et de religieuses. Je ne fais pas l'histoire de ces horreurs. Il suffit à mon but de les marquer pour la honte éternelle des coupables dans cette rapide énumération.

De telles monstruosités soulevèrent l'indignation de l'Espagne et du monde civilisé. Aucun parti n'osa se solidariser avec les cannibales. Mais qui voudrait affirmer que ces destructions ne concordent pas avec ce que nous savons de Ferrer ? Ses meilleurs amis n'ont-ils pas avoué que lui seul, par son action incessante, par son argent et surtout par ses écoles, avait préparé le terrain à la culture du microbe anarchiste ?

« De 1896 à 1908, dit M. Cabe dans son panégyrique *The martyrdom of Ferrer*, l'anticléricalisme et l'anarchisme se développèrent à Barcelone. Une impulsion nouvelle, un centre nouveau de force et d'inspiration était né dans la province, grâce à l'œuvre éducatrice de Ferrer. Les travailleurs ne se trouvaient plus forcés à envoyer leurs fils apprendre le servilisme, à être endoctrinés par des amis et des politiciens corrompus dans les écoles catholiques, s'ils ne voulaient pas les voir rester ignorants. Un magnifique enthousiame souleva les troupes rebelles. Devant leurs yeux se dressait, tangible, une institution politique. Son influence se faisait sentir à toute la Catalogne et à une grande partie de l'Espagne. »

Bien plus, et ce fait vaut d'être souligné, on a prouvé que la grève de Juillet 1909 ayant éclaté dans plusieurs centres par protestation contre la guerre, elle ne dévia vers les violences criminelles et les attaques contre les édifices et les personnes, que là où se trouvaient des écoles succursales de l'Ecole moderne et des maîtres anarchistes. L'auditeur de Catalogne chargé, avec d'autres hommes de loi, d'enquêter sur les affaires militaires, dit textuellement dans le rapport sur la sentence concernant Ferrer :

« J'ai eu l'occasion de constater durant la procédure commencée qu'en divers villages où les violences se sont produites, les noms des meneurs et principaux instigateurs étaient ceux des professeurs placés par Ferrer dans des écoles bien connues, ou des chefs de centres anarchistes qui dépendaient de ce monsieur. »

Les libertaires, ses amis, nous le révéleront tout à fait. Anselmo Lorenzo, déjà nommé, l'un des plus fidèles au maître, écrivait de lui dans une brochure qui parut à Barcelone en 1911.

« N'étant membre d'aucun parti, car il ne pouvait se soumettre à une discipline, il avait un esprit d'irrésistible initiative et une activité hors pair. Il le montra bien quand, après avoir organisé et établi *l'Ecole Moderne* et sa bibliothèque, il voulut contribuer au mouvement des revendications prolétariennes par la création d'un journal et d'une bibliothèque de propagande. Ce journal fut « *La Grève générale* ». (1)

Mais, Ferrer prit-il directement part à l'insurrection ? C'est ce que nous allons examiner avec calme et impartialité.

Le 9 juin 1909, il reçoit, à Londres où il se trouve, une lettre de son frère l'avertissant que sa belle-sœur est gravement malade. Le 12, il passe à Paris où il avait donné rendez-vous à un ami, Charles Albert. Le 15 ou le 16, il arrive, sans doute avec Soledad, à Mongat, village à 15 kilomètres de Barcelone, où résident ses parents. Sa belle-sœur guérit, mais une de ses nièces de huit ans, meurt le 19 de ce même mois. Ferrer n'a plus rien qui le retienne en Espagne. Il est sur le point de retourner en Angleterre, nous assurent ses amis, quand l'anarchiste Malato lui écrit pour qu'il s'informe de la valeur des actions de la *Société d'électricité de Barcelone*. Entre parenthèse, admirons le mépris pratique de ces libertaires pour le capitalisme : jusqu'aux dividendes exclusivement ! Nous n'avons aucune raison de nier cette commission donnée par Malato. Qui croira cependant que du 19 juin, jour de la mort de la nièce de Ferrer, au 26 juillet où éclatent les troubles de Barcelone, celui-ci n'ait pu connaître la valeur des actions et reprendre le chemin de Londres, où nous assure-t-on des affaires pressantes l'attendaient ? N'est-il pas plus conforme à la vraisemblance d'admettre que Ferrer, qui avait le nez au vent et suivait les mouvements de l'opinion, en voyant l'opposition violente faite partout, jusque dans la bourgeoisie, à l'expédition au Maroc, pressentit des événements graves, et sans doute, utiles à la réalisation de ses idées ? Qui sera obligé d'admettre qu'il ferma les oreilles, les yeux et la pensée afin d'ignorer le bruit et la portée des protestations enragées de toute la presse de gauche sans distinction, surtout des plus révolutionnaires, des radicaux et des socialistes ?... Concédons l'invraisemblable, c'est-à-dire, que jusqu'au 26 juillet, il ne sait rien de ce qui se passe ou qu'il assiste au jeu en curieux et dilettante, n'ayant aucune preuve positive du contraire. Mais le fait constant, indéniable, est que, quand la révolution éclate, il se trouve en Espagne, ayant son pied-à-terre à Mongat à quinze kilomètres de Barcelone seulement.

..

Le 31 juillet, l'insurrection était musclée et, de tous côtés, ennemis et amis murmuraient le nom du fondateur de l'École moderne, comme ayant été l'un des agents de la révolte. Plusieurs de ses alliés de la veille, emprisonnés, l'avaient dénoncé pour se disculper et quelques-uns, avec une arrière-pensée de revanche. (2).

---

(1) Comme preuve de l'activité de Ferrer, Lorenzo cite un de ses articles du 5 janvier 1902, intitulé : *Y aura-t-il beaucoup de sang ? Oui, beaucoup.* « Les accapareurs de la richesse et leurs soutiens, au lieu d'être raisonnables en faisant des concessions et d'être intelligents en essayant d'aider au changement du régime exploiteur, par un régime de fraternité et de solidarité, voudraient opposer la résistance. Alors, naturellement, arrivera l'inévitable tragédie. Que de lamentations ! Que de tardives imprécations ! Sereine, tranquille et immuable; la Révolution triomphante suivra son chemin, sans même peut-être gémir sur le sang versé, l'attention fixée sur la nouvelle ère de paix et de justice, qui pour la première fois s'instaurera avec le dernier baptême de sang humain. Elle donnera naissance à une société réellement digne d'être vécue. »

(2) L'avocat défenseur de Ferrer, au Conseil de guerre fait allusion à cette dénonciation dans les paroles suivantes que nous tenons à citer. Elles n'ont pas dû

L'opinion était donc unanime contre Ferrer et ceux qui l'avaient approché ne paraissaient par les moins empressés à le désigner (1). Les preuves de son intervention arrivaient des côtés les plus opposés.

Le 17 août, le juge chargé de faire l'enquête générale sur le mouvement insurrectionnel lançait cet ordre :

« Nanti de la juridiction que m'accorde le Code pénal de justice militaire, par la présente, je cite et somme de comparaître le dit Ferrer Guardia, pour que dans l'intervalle de vingt jours, à partir de cette date, il se présente devant ce tribunal, situé au parc d'artillerie, pour entendre sa disculpation. Faute de ne pas comparaître dans ce laps de temps, il sera décrété et déclaré rebelle et on le condamnera à la peine jugée nécessaire. »

Mais où était Ferrer ? Au lieu de se présenter au juge, il se cachait. Ses amis de l'étranger publiaient qu'il avait quitté l'Espagne. Dans une interview supposée, le *Soir* et le *Peuple*, de Bruxelles, annonçaient son arrivée à Londres. Le 23 août, l'*Humanité* commentant cette *interview* disait :

« Quoique on le sache en sûreté chez un peuple qui n'est pas gouverné par les moines et où la haine de ses ennemis ne pourra l'atteindre, Ferrer, pour diverses raisons est décidé à passer un certain temps dans une discrète retraite. Il parle avec émotion des milliers de prisonniers renfermés à Montjuich, et parmi eux de plusieurs femmes. On leur réserve un sort tragique, peut-être la mort comme à Bara, peut-être des tortures comme en 1896, pour le moins les galères ! Les galères, parce qu'on a protesté contre la barbarie militaire et l'obscurantisme clérical ! Les autorités espagnoles sont folles de rage à la pensée que Ferrer, coupable d'avoir tenté une révolution.... dans la pédagogie, a pu échapper d'un pays qui est une prison comme la Russie. Pendant qu'il ferme, dans toute la Catalogne, les écoles laïques et

---

être du goût des radicaux qui gouvernèrent la ville de Barcelone. Leurs frères ennemis, les socialistes, les ont accusés d'avoir été cause de la mort de Ferrer : « Un prêt de quelques centaines de francs, à la *Solidarité ouvrière*, au moment où elle luttait contre des injustices dont avait été l'objet un de ses membres de la part de l'entreprise éditoriale du *Progreso*, fut l'origine de la discorde. Ce journal, après avoir soutenu sous toutes les formes que les revendications de la classe ouvrière seraient le salut de l'Espagne, se montrait dur et sans pitié à l'égard de ses employés ; cette conduite pourrait servir d'excuse à ceux que le journal avait si souvent accusés d'être les exploiteurs de l'humanité. Le prêt en question suffit pour qu'on déclarât ennemi du parti radical ce Ferrer qu'on appréciait tant auparavant, à qui on devait l'organisation des écoles laïques et gratuites, unique fondation de la Maison du peuple dont l'utilité a été reconnue par ses ennemis. Les radicaux ont payé ce bienfait de la plus odieuse ingratitude, en coopérant par leurs fausses et équivoques délations, à l'œuvre astucieuse des ennemis de mon client. Nous n'attendrons pas longtemps sans que soit punie cette déloyauté, si un atome de justice reste encore sur cette terre. »

(1) Ne sont-elles pas suggestives ces déclarations faites à un journaliste de Buenos-Ayres, par des fugitifs de Barcelone, nullement étrangers à la révolution ? « Ferrer, lui dirent-ils, prit une part directe à la révolution. Il organisa, encouragea, aida moralement et pécuniairement ceux qui la menèrent, de même qu'à Paris, il a soutenu de la même manière les Russes. Il était, essentiellement et par nature, un enthousiaste des mouvements libérateurs des peuples, quel que fut leur caractère. D'autre part, on n'a pas pu prouver, même cette participation indirecte de Ferrer dans les événements qui pour nous est avérée.... parce qu'elle est avérée... », *El Diario* de Buenos-Ayres, 15 octobre 1909.

établit un plan de l'Ecole moderne? Il procède à l'arrêt, en masse, des parents et des amis de Ferrer. Quel but poursuivent les autocrates espagnols en commettant de pareilles infamies ? Sans nul doute, forcer Ferrer qui leur a échappé, à revenir en Espagne et à se constituer prisonnier, en laissant croire qu'on absoudra les otages. Nous connaissons assez la clairvoyance et le sang-froid de notre ami pour être sûr qu'il ne se laissera pas surprendre par ce plan d'immonde machiavélisme. »

Il fut découvert et arrêté le 31 Août, au matin, par un seréno et deux agents de la milice provinciale (somaten) à Alella, son village natal. Le conseil de guerre instruisit le procès et voici sur quels faits il se fonda pour prouver la participation de Ferrer aux troubles de Barcelone. Nous allons les exposer, aussi objectivement et sereinement que possible, d'après les pièces authentiques et le résumé exact qu'a donné *A. B. C.* journal indépendant de Madrid, le 5 décembre 1909, en rectifiant et complétant certains détails.

Le 26 juillet, jour où éclata la révolution, Ferrer se trouvait à Barcelone. Il fut vu à six heures du soir, dans un groupe de séditieux de la place Antonio Lopez, par l'agent de police Angel Fernandez Bermejo, qui le filait, et aussi par les soldats de cavalerie Claudio Sanchez et Manuel Calvo. Ceux-ci déclarèrent, qu'au moment où ils commençaient leur service sur ladite place, leur attention fut attirée par la présence, au milieu des groupes, d'un individu vêtu autrement que les autres qui semblaient des ouvriers. Lui portait un habit bleu et un chapeau de paille, l'aile antérieure tombait sur le front et celle de derrière était relevée. Comme ils dispersaient un groupe, cet individu dévisagea Claudio Sanchez et lui dit en montrant l'ordonnance du capitaine général fixée à la muraille : « Est-ce qu'on ne pourra pas lire ça ». Les deux soldats, dans une ronde de prisonniers, reconnurent par trois fois Ferrer.

Celui-ci, d'après l'agent Fernandez Bermejo, se dirigea vers Atarazanas. Là, il parla avec des individus d'un autre groupe. Le policier l'y perdit de vue dans la confusion produite par une charge que donnèrent sur la Rambla des gardes municipaux.

Il ressort de plusieurs délarations, qu'à neuf heures du soir, Ferrer était avec son ami Francisco Domenech coiffeur de Manou. Celui-ci déposa qu'ensemble ils allèrent à la rédaction du *Progreso,* journal franchement révolutionnaire, pour voir, suivant le mot de Ferrer, « ce que décidaient les camarades ». Après, on se réunit dans un café avec Tubau, Ponte, Calderon et Litran. Litran, employé du Directeur de *l'Ecole moderne,* fut chargé par lui, d'aller à la *Solidarité ouvrière,* association anarchiste, pour s'assurer que ses partisans se trouvaient là. Le même Domenech déposa que pour la seconde fois, il accompagna Ferrer à la rédaction du *Progreso.* Là, il essaya d'obtenir d'Emiliano Iglesias, conseiller radical, et d'autres qui se trouvaient avec lui, qu'ils consentissent à signer une adresse au Gouvernement, demandant la suspension des embarquements de troupes pour Melilla, le menaçant s'il ne le faisait pas, de se mettre à la tête du peuple, pour faire la révolution. Ni Iglesias, ni ceux qui l'entouraient ne voulurent prendre la responsabilité de cette adresse.

Ensuite, toujours d'après Domenech, lui et Ferrer rencontrèrent Moreno dont nous avons déjà parlé. Ferrer le chargea de faire une nouvelle tentative à la rédaction du *Progreso,* où se trouvaient des représentants de la *Solidarité ouvrière,* qui essayaient de s'entendre avec les radicaux. Moreno répondit qu'eux avaient déjà pris des engagements. Celui qui ne les tiendrait pas, ajoutait-il, serait traité comme les traîtres en Russie. Et Moreno savait ce qu'il disait. C'est à partir de ce moment, que la révolte prit un caractère résolument anarchiste. Moreno et Rodriguez Romero, président de la *Solidarité ouvrière*, se distinguèrent, c'est prouvé dans un autre procès, comme chefs des deux groupes de rebelles qui élevèrent des barricades dans les rue San Pablo, Oriol et avoisinantes.

Ardid, un radical très avancé, a déposé que ce même 26 juillet Ferrer fut le chercher à la *Maison du peuple* de Barcelone, pour parler seul à seul, des affaires du jour. Ardid ayant fait remarquer que la chose était terminée, car il ne s'agissait que d'une sorte de protestation qui ne pouvait aller plus loin, Ferrer répliqua : « Vous croyez que ça ne peut aller plus loin ! ». Ardid répondit énergiquement, invitant ensuite Ferrer à quitter la *Maison du peuple*, ce qu'il fit. Dans sa déposition, Ardid déclara qu'à son sens Ferrer fut l'un des organisateurs des événements. Celui-ci nia avoir été à la *Maison du peuple*. Mais, mis en face d'Ardid, il avoua qu'il se pouvait bien qu'il y eut été. Il se rappelait avoir vu Ardid.

Le 27 juillet, Ferrer revint à Mongat dans la matinée de ce jour, avec le coiffeur Domenech. Il y arriva entre cinq et huit heures. Un correspondant du journal intégriste *El Siglo Futuro*, déclara l'avoir vu le soir à huit heures à Barcelone à la tête d'un groupe de révoltés. Il le reconnut par trois fois, dans une ronde de prisonniers. Cette déposition a été fort contestée. Nous la rapportons, sans vouloir en tirer un argument absolu. N'oublions pas cependant que Mongat n'est qu'à 15 kilomètres de Barcelone.

Le 28 juillet, le matin Ferrer se rase à Masnou et se fait enlever la barbe, afin d'échapper à la persécution de la police. Il confère avec Ventura Puig, président du Comité républicain de Masnou et le pousse, ainsi que l'a déclaré Puig lui-même, à proclamer la République et à seconder le mouvement de Barcelone. Puig fit observer qu'il ne disposait pas de moyens pour cela. Ferrer lui dit alors qu'on doit commencer par exciter le peuple à brûler des églises et des couvents. « Que m'importe la République, répond Ferrer, ce que je veux, c'est la révolution ». N'oublions pas que Puig, un républicain radical, a maintenu toutes ces déclarations dans ses confrontations avec Ferrer. Invité par celui-ci à se rendre à Premia, pour s'entendre avec le Maire, en rentrant à Masnou, ils trouvèrent en chemin un groupe, arrivant de Barcelone, qui raconta à Ferrer l'incendie des couvents et des églises. Celui-ci répondit : « Ça va bien, il faut tout détruire ». Enfin, Puig affirme que d'après lui, sans Ferrer, la grève n'aurait pas eu les tristes conséquences connues de tous.

Domenech, le coiffeur ami de Ferrer, affirme qu'à Masnou, se présentèrent des groupes venus des villages limitrophes, attendant l'arrivée de Ferrer et celle de Salvada Millet. Ce dernier déposa également que les groupes envahirent la municipalité et que lui harangua le populo au nom de Ferrer. Puigmollens, un habitant de Masnou, affirme, après Millet, qu'il l'entendit parler à la foule au nom de Ferrer.

La présence de Ferrer à Premia et dans le local de la Fraternité Républicaine, est corroborée par les dépositions de Jaime Comas, de Pacho Cexa, Ventura Puig, qui accompagnaient Ferrer, de Dominguo Casas, maire de Premia, Antonio Martarès, adjoint, Jose Alvarez Espinosa, Lorenzo Arnau et Jaime Calvé. A tous ceux qui ne le connaissaient pas, il dit : « Je suis Ferrer Guardia ». Il demanda au Maire de Premia de proclamer la République. Celui-ci s'y étant refusé, il insista à nouveau, assurant qu'elle était déjà proclamée à Madrid, Barcelone, Valence et en d'autres villes. Casas et Alvarez Espinosa confrontés séparément avec Ferrer, maintinrent leur déposition sans se contredire. N'entrons pas dans le détail de la distribution de la dynamite à Premia, ni des instructions directes données par Ferrer à Caola, d'après les déclarations du cafetier Calvet, d'Alsina et d'autres. Mais Comas, Valentin, Alonso, César, Moragas et Pablo Reig, signalent une recrudescence de la violence, consécutive à la présence de Ferrer dans le village.

On a beaucoup parlé de la conjuration cléricale contre le fondateur de l'Ecole moderne. Notons que tous les témoins qui déposèrent contre lui étaient ses propres coreligionnaires : des républicains, des radicaux, des révolutionnaires, des anarchistes. On n'y trouve pas un seul prêtre, pas une seule religieuse.

.•.

Le point que je viens de traiter est d'une telle importance, que je crois bon de corroborer les données, par le résumé des éléments d'accusation contenus au *Dossier* du procès Ferrer, tel que l'a fait un homme, dans l'impartialité et la sincérité duquel j'ai toute confiance. Pedro Sangro y Ros de Olano, en son livre, « *La Sombra de Ferrer. — De la semana tragica à la guerra europea* », publié à Madrid en 1917, divise ces éléments, d'après la situation *officielle* ou *politique* des témoins du procès.

1° *ÉLÉMENTS OFFICIELS :* a) *Police :* L'Inspecteur-chef du service de poursuite de l'anarchisme (p. 257) montre Ferrer, anarchiste, en relation étroite avec d'autres anarchistes de France et d'Espagne. — L'agent de la sûreté Fernandez Bermejo (p. 480 F) affirme avoir vu Ferrer dans les groupes de séditieux.

b) *Éléments armés :* Le sergent de la garde civile, commandant le poste de Badalona (p. 23, 25) indique les démarches de Ferrer pendant la révolution, à Barcelone et à Masnou, où il excite à la révolte. — M. Ponte, lieutenant-colonel de gendarmerie (p. 33), accuse Ferrer d'avoir provoqué à la révolte à Masnou et à Premia. Alonso Poblet dit que Ferrer proposa à Premia qu'on seconde le mouvement de Barcelone. D'autres gendarmes déposent dans le même sens. Deux soldats de cavalerie disent avoir vu Ferrer parmi les séditieux (p. 483, 485) et plusieurs de ces séditieux, au dire du colonel d'artillerie Benito (p. 486), auraient déclaré avoir reçu des armes d'un homme dont le signalement répondait à celui de Ferrer.

c) *Personnes ayant des fonctions municipales :* Casas, maire de Premia, affirma que Ferrer et d'autres vinrent lui proposer d'aider le soulèvement ; ce qui arriva à Premia n'y arriva que parce que « Ferrer était l'âme de la rebellion » (p. 123, 125, 453).

Cabri, conseiller municipal de Premia (p. 85) dit que Ferrer proposa au Maire des choses que celui-ci ne put accepter.

Musaro, adjoint au maire de ce village, dit (p. 88) que Ferrer proposa « qu'on imite l'exemple de Barcelone ».

Alsina, conseiller municipal du même village, dit que Ferrer était un anarchiste en rapport avec la Fraternité républicaine de Premia, également anarchiste (p. 91).

Alvarez Espinosa, sous-secrétaire de la mairie de Premia, parle des efforts de Ferrer pour qu'on aide le mouvement de Barcelone. D'après lui le Maire *laissa faire* et Ferrer était « le véritable auteur des tristes événements survenus dans la région, ou, pour le moins, leur instigateur et inspirateur » (p. 138).

Puig Pons, juge de paix de Premia, dit que Ferrer excita à la révolte à Mongat, qu'il donna de la dynamite à plusieurs individus et recruta des gens pour le mouvement.

2° *ÉLÉMENTS POLITIQUES* : Emiliano Iglesias, radical lerrouxiste, sans accuser ni excuser Ferrer, après s'être défendu d'avoir pris part au mouvement, en rejeta toute la responsabilité sur les anarchistes, dont une main occulte dirigeait les crimes (p. 98, 535, 477).

Jimenez Moya, républicain, déclara que les directeurs de la révolution furent Ferrer et la *Solidarité ouvrière* (p. 423).

Garcia Magellanes, républicain radical, soutient que tout fut l'œuvre de Emiliano Iglesias et de l'anarchiste connu, Ferrer (p. 390, 478).

Puig y Ventura, Llarch, républicain radical, confirme les déclarations du sergent de la gendarmerie de Badalona et ajoute : « Tout a été mis en branle par Ferrer qui voulait compromettre tous les radicaux ». Il l'accuse de lui avoir proposé de seconder le mouvement révolutionnaire et de brûler les couvents de Masnou et Premia (p. 29, 89, 113).

Domenech Musite, barbier de Masnou, républicain indépendant, affirma que Ferrer excita les foules à la révolte, qu'il proposa à Masnou de proclamer la République, que Moreno dit à Ferrer « malheur à celui qui manque ! Nous le traiterons comme en Russie, on fait les traitres » (p. 313, 27, 80).

Litran, homme de confiance de l'accusé, déclare que le *26 juillet*, on convoqua Ferrer à la Maison du Peuple pour parler « de travaux d'édition ».

Colominas, prédécesseur de Litran à *l'Ecole Moderne*, après avoir dit que Ferrer fut l'âme du mouvement révolutionnaire, déclara ensuite qu'il ne savait pas s'il y avait pris une part directe.

Ardid, radical lerrouxiste, dit avoir vu Ferrer à la Maison du Peuple, le 26 juillet, où il combattit son opinion sur les événements. Sans pouvoir le prouver, il soupçonne Ferrer d'avoir été un des organisateur de la révolution, par jalousie contre les lerrouxistes. Il chassa Ferrer et ceux qui l'accompagnaient de la Maison du Peuple parce qu'ils avaient dit : « on doit profiter des occasions » (p. 369, 401).

Une foule d'autres témoins, dont la nuance politique n'est pas indiquée, confirmèrent les déclarations faites par les propres amis de Ferrer.

Gudas, charpentier, affirme que, à Mongat, Ferrer dit à lui et à d'autres : « C'est maintenant l'heure de tout brûler » (p. 199) et Cisa ajoute que Ferrer alla jusqu'à proposer qu'on employât la dynamite (p. 208, 239).

Enfin, Paz Ferrer, une des filles de l'accusé, dans une lettre à « sa tante » (p. 215) lui dit qu'elle achève de lire « la mauvaise nouvelle... Combien je regrette, moi qui ai supplié papa de s'éloigner de ce mouvement...! Je ne sais ce que je donnerai pour que jamais les accusations qu'on porte contre lui n'eussent pas existées... Combien je regrette que papa n'ait pas pensé à lui, à ses filles, à vous autres, au lieu de la prison ! »

IX

Après la mort de Ferrer.

Pourquoi Ferrer fut jugé par un tribunal militaire. — Les garanties de l'accusé. — Pourquoi n'a-t-on pas gracié Ferrer? Une lettre de Maura à Moret. — Discussion des raisons apportées par un avocat parisien contre le procès de Barcelone. — La sentence du Conseil supérieur de la Guerre et l'innocence de Ferrer. — Déclarations de Canalejas, de Romanones et de Melquiades Alvarez.

Pourquoi, ont demandé des journalistes et même des avocats, Ferrer ne fut-il pas jugé par un tribunal civil? Parce que, en Espagne comme eu Italie, en Allemagne et en France, quand l'état de siège est proclamé, les garanties constitutionnelles sont levées et les cas criminels ressortissent des tribunaux militaires. L'Etat de siège avait été proclamé à Barcelone le 26 juillet et il ne fut levé que plusieurs mois après. Ferrer avait été arrêté le 31 août. On ne pouvait pas inventer pour lui une juridiction particulière.

Mais ajoute-t-on, les tribunaux militaires espagnols ne présentent aucune garantie pour l'accusé. Une fois dans leur engrenage, Ferrer devait fatalement être condamné. Leurs procédés sont démodés. — A cela on répond que, l'accusation fut-elle fondée, les tribunaux ne seraient responsables de rien, ne pouvant qu'appliquer le code, bon ou mauvais. Les coupables seraient les législateurs qui promulguèrent ce code et ceux qui, ayant les moyens de l'améliorer que leur donne la Constitution espagnole, ne les employèrent pas. Or le code de justice militaire, fait en 1890 par les Cortès, est l'œuvre du parti libéral, des Lopez Donmiguez, des Salcedo, des Davila, des Arias Miranda, qui, pour la plupart, siègent à l'extrème gauche du parti démocratique. Depuis lors, aucun député, même parmi les républicains radicaux, ne s'est levé pour l'attaquer, et il a fallu que Ferrer fut soumis à sa juridiction pourqu'on s'avise de le trouver vieux et démodé.

L'est-il en réalité? Après l'avoir comparé avec celui des autres nations, des jurisconsultes n'ont pas hésité à déclarer qu'il était l'un des plus humains et des plus progressifs de l'Europe. Il admet la procédure *ordinaire* et la procédure *très sommaire*. Ferrer fut jugé d'après la première.

Voici les plus importants articles de ce Code militaire. On ne peut poursuivre quelqu'un s'il n'y a dans l'instruction aucune charge contre lui (421) ; quiconque fait des déclarations peut les dicter et lire lui-même celles qu'il fait (431); on nomme un interprète en titré si le déclarant ne connait pas la langue espagnole (art. 432) On ne peut faire au déclarant ni des interrogations captieuses et suggestives, ni employer avec lui la ruse, la coaction, les promesses, ou les artifices (art. 435) ; on n'exige pas de serment des accusés pour leurs déclarations (art. 458) ; on leur lit toutes celles qu'ils ont faites avant (art 459) et ils ont toujours le droit, aussi souvent qu'ils le veulent, d'en faire d'autres sans que le juge puisse le leur refuser. (art. 465).

Les perquisitions à domicile doivent se faire en présence des intéressés, ou d'un de ses parents, ou de deux témoins (art. 511).

L'instruction judiciaire terminée, commence la seconde phase du procès, ou *Plenario*, dans lequel tous les autres actes sont publiés.

L'accusé choisit librement son défenseur parmi les officiers de l'armée et les avocats en exercice.

Le défenseur étant choisi, la lecture des accusations a lieu (art. 548) en même temps que la comparution du coupable et de son défenseur devant le juge. Celui-ci lit toutes les dépositions de l'instruction, et le défenseur a la faculté de demander la lecture de toutes les dépositions qu'il veut, il prend des notes, prolonge à son gré la séance et il propose alors la preuve (art. 552).

Le défenseur doit avoir les mêmes droits que le ministère public pour faire la preuve. Cette preuve peut être une reconnaissance, un témoignage oculaire, un rapport d'expert, une affirmation de témoins, et *la déclaration de nouveaux témoins*, quand il est question de délits communs. Le défenseur assistera à la vérification de cette preuve, et quand elle aura lieu en dehors de la localité, on nommera un défenseur provisoire, qui soit présent à la vérification (art. 559).

On n'accorde que vingt-quatre heures au ministère public pour rédiger son accusation. On ne peut lui accorder que trois jours de plus, en cas de besoin. Le défenseur au contraire dispose de dix jours (art. 563). Les amis de Ferrer se sont bien gardés de noter ce détail, comme tant d'autres.

L'accusé peut récuser le président et les membres du bureau du Conseil de guerre (art. 568). Il peut assister à l'exposé de la cause (571).

Cet exposé est public (art. 575). Le défenseur peut demander la *lecture complète* de toutes les dépositions qu'il voudra ; il peut interroger les témoins (art. 578) ; il peut allonger ou modifier les conclusions de son travail de défenseur (art. 581). Sa liberté est si complète que quelque irrespectueuse que soit sa défense, elle doit se lire toute entière (art. 582).

La cause ayant été jugée on la transmet au capitaine général, celui-ci consulte son auditeur, et si l'on se trouve en désaccord avec la sentence, il faut que la cause, pour être définitivement résolue, passe au Conseil suprême de la guerre et de la marine. Quand il y a condamnation à mort, elle doit être approuvée par le Conseil des Ministres.

La sentence qui condamnait Ferrer fut et *prononcée et appréciée à l'unanimité* à Barcelone et à Madrid ; à Barcelone de sept membres du Conseil de Guerre, deux étaient libres-penseurs très indifférents et deux seulement bons catholiques.

Mais le Conseil des Ministres n'eut-il pas été bien inspiré en demandant au Roi d'user de son droit de grâce en faveur du coupable ? Il n'y avait à cela, pensa-t-il, ni une raison de convenance, puisque les antécédents de Ferrer n'inclinèrent pas à cette solution, ni une raison de politique, puisque en Espagne, hors une demi-douzaine de révolutionnaires, personne ne doutait de sa culpabilité. Aucun de ses amis républicains, radicaux, syndicalistes, n'osa implorer cette grâce. Il ne faut pas se lasser de le dire, tandis qu'à l'étranger la presse et l'opinion s'agitaient pour le délivrer, dans son pays, on attendait simplement sa condamnation à mort. Un gouvernement qui l'eut empêchée aurait rencontré les plus graves difficultés. Pourquoi grâcier Ferrer alors que plusieurs autres, bien moins coupables, qu'il avait excités au moins indirectement, avaient été impitoyablement fusillés ?

A cette heure difficile Maura et ses compagnons du ministère comprirent la responsabilité qu'ils endossaient devant leur nation, devant l'Europe et devant l'histoire. Ils l'acceptèrent bravement, après avoir éclairé leur conscience. Qu'on lise cette lettre de Maura demandant son avis à M. Moret, chef des libéraux. Elle est d'un homme d'Etat critiquable à plusieurs points de vue, mais droit et intègre, qui entend accomplir son devoir coûte que coûte, même au péril de sa vie. Il ne se préocupe que des intérêts de son Roi.

« Le Conseil de guerre de Barcelone a prononcé une sentence de mort contre « Ferrer. Cette sentence fut rendue à l'unanimité et a été approuvée par le Suprême « Conseil de Guerre et de Marine, qui n'a trouvé aucune erreur, ni quant à la régu « larité de la procédure, ni quant à la pénalité infligée. Néanmoins, et spécialement « par nos Ambassadeurs à Rome et à Paris, le Gouvernement est averti que la sen- « tence provoquera beaucoup de réprobation et soulèvera de grandes protestations. « Le Gouvernement sait aussi que les anarchistes, qui sympathisent avec Ferrer, « veulent exercer bientôt de terribles représailles. Le Ministre de l'Intérieur et moi- « même nous avons reçu un nombre infini de menaces anonymes, qui nous sont « aussi confirmées par la police. Si ces menaces ne concernaient que ma personne, « je n'en tiendrais aucun compte, car je suis prêt à affronter tous les dangers et « même la mort, plutôt que de manquer à l'accomplissement des hautes missions et « responsabilités de ma charge. Mais ces menaces, suivant la confirmation que m'en « donnent les informations confidentielles de la police, touchent une personne supé- « rieure à toutes les autres. Sa Sainteté Pie X a télégraphié au Roi, implorant sa « pitié pour le criminel. Sa Majesté semble disposée à l'accorder. Le Gouvernement « est unanime dans son opinion, mais en songeant au Roi, je ne désire pas affron- « ter toutes les conséquences de l'exécution sans prendre votre avis. »

Voici la réponse que fit Moret, le chef des libéraux, à cette admirable lettre. Elle mérite d'être connue :

« J'estime que vous ne devez pas conseiller au Roi d'exercer la prérogative « royale. Le Gouvernement doit commander l'exécution de la sentence. Agir autre- « ment ce serait l'abandon de tous les éléments de la virilité. »

Ces deux lettres furent publiées par le journal « *La Mañana* », le 25 janvier 1910.

Désirant être complet et impartial, je donne ici, en les discutant d'après le livre de M. Canals, « *Los Sucesos de Barcelona en 1909* », t. II p. 247., les raisons qu'on a fait valoir, pour attaquer le procès de Barcelone. Un avocat parisien, Maître Jean-Jacques Kaspar, les a exposées comme il suit :

I. — Il n'y a pas pour l'accusé des garanties devant les Conseils de Guerre espa- gnols : a) Ces garanties ne sont pas les mêmes que devant les tribunaux ordinaires, puisque les tribunaux de guerre ont le pouvoir de garder l'accusé au secret à leur gré — Réponse : Un tribunal militaire n'est pas un tribunal civil — Ce n'est pas le tribunal qui maintient l'accusé en secret, mais le juge instructeur, et d'ailleurs dans la procédure civile, le juge peut garder en secret autant de temps qu'il le faut pour finir son enquête. — b) Le civil devant un tribunal de guerre ne peut avoir pour le défendre qu'un officier, sur une liste désignée d'office — Réponse : Cette objection serait-elle fondée qu'elle ne vaudrait pas dans le cas de Ferrer qui proclama décla- rer son avocat militaire *magnifique* et *divin*. — c) L'accusé ne peut appeler de la sentence, puisqu'on ne la lui communique que lorsqu'elle est définitive — Réponse : Il s'agit encore une fois d'un tribunal militaire dont les juges peuvent avoir une très haute idée de leur responsabilité. — Il n'est d'ailleurs pas vrai que les erreurs de ce tribunal ne soient pas sujettes à correction : la sentence est portée devant le capitaine et son auditeur qui est un avocat. Si l'un ou l'autre ne l'approuvent pas elle doit aller en appel devant le Conseil Suprême de la Guerre et de la Marine. — En cas de sentence de mort, le Conseil des Ministres doit l'examiner et elle n'est applicable que s'ils l'approuvent. — *d)* L'accusé ne peut produire des preuves après que l'instruction est finie — Réponse : Ceci est faux, mais il faut que les preuves produites aient relation à l'accusation. Ce n'était pas le cas de ces savants ou soi-disant tels, dont Ferrer invoqua le témoignage et qui vivaient loin du théâtre où il avait été acteur. On ne refusa pas d'entendre la mère du soldat, qui vint même dans l'antichambre du Conseil de Guerre dans ce but. Ferrer après l'avoir deman-dée renonça à son témoignage. — *e)* L'instruction n'est pas contradictoire. La partie la plus importante (*Sumario*) se fait en l'absence de la défense — Réponse : C'est vrai, mais on oublie toujours qu'on a affaire à un tribunal de guerre, obligé à être plus expéditif — Mais l'accusé n'est pas absent à l'instruction. N'est-ce pas une garantie suffisante ? — *f)* Les actes de l'instruction ne sont communiqués au défen-seur que lorsqu'elle est finie et celui-ci n'a que vingt-quatre heures pour les con-sulter et rédiger la défense — Réponse : Ceci est inexact d'après le code. — Dans le cas Ferrer, son avocat connut l'instruction dès le 2 octobre, on lui donna ensuite les actes complets durant 24 heures, et le procès public n'eut lieu que le 9 octobre. *g)* Le premier juge d'instruction de Ferrer fut changé et il lui était favorable — Réponse : Le premier juge de Ferrer, le commandant Llivina était chargé d'instruire le procès général contre les promoteurs et instigateurs de la révolution. Il cita Ferrer à son banc. Celui-ci comparut et, le commandant Llivina s'étant rendu compte qu'il y avait matière pour le poursuivre à part, un juge spécial fut nommé pour instruire sa cause. Voilà la raison toute naturelle de ce changement qui a fait verser tant d'encre aux ignorants et aux malintentionnés. — *h)* Les juges militaires qui condamnèrent Ferrer avaient pris part à la répression de la révolte et l'accusa-tion invoque ces souvenirs — Réponse : Ce n'est pas prouvé. Le serait-ce, que la neutralité qu'on invoque n'est ni possible, ni désirable, puisque le juge doit toujours en quelque manière représenter l'ordre social existant contre ceux qui l'attaquent.

II. — Illégalités découvertes dans le procès de Ferrer. — *a)* Avant de le faire comparaître devant le juge, on le déconsidéra à ses yeux en l'affublant d'habits grotesques. Réponse : Il portait l'habit des prisonniers, tout comme les autres. — *b)* On empêcha Ferrer de compléter ses déclarations, contrairement à ce qu'autorise le code militaire espagnol art. 518 paragraphe 2. Réponse : Ceci est faux. Ferrer écrivait le 1er octobre à Malato annonçant qu'il protesterait — le 19 octobre, il renouvela sa promesse de protestation. — L'instruction ne fut close que le 30 octo-bre et durant tout ce laps de temps, Ferrer négligea de protester. — *c)* On refusa à Ferrer, pour son défenseur, une collection des écrits de l'Ecole moderne. — Réponse : Il ne paraît pas que ce refus ait existé. Le défenseur semble d'ailleurs, dans son discours, très au fait des doctrines de l'Ecole moderne, et Ferrer avait maintes fois demandé qu'on ne le juge pas d'après ses antécédents. — *d)* On n'admit pas en sa faveur les témoignages à décharge, on n'entendit que les témoins à charge et on prit note de toutes les accusations anonymes. — Réponse : Aucun témoignage ne fut refusé, mais aucun témoin à décharge ne se présenta. On envoya seulement de Teruel des témoignages anonymes dont un panégyriste de Ferrer, le docteur Simarro dit : « L'un ne parle même pas de Ferrer et accuse Zurdo ; l'autre inculpe diverses personnes parmi lesquelles on ne voit pas Ferrer ; le seul qui parle de lui, déclare seulement qu'il a joué à la Bourse. — *e)* L'agence officieuse du gouverne-ment espagnol communiqua à l'agence Havas des télégrammes d'après lesquels, à l'audience, les témoins furent admis à parler. Or, le « *Times* » du jour suivant démentit cette information et l'agence Havas dut « démentir » le télégramme. Le gouvernement espagnol prétendit alors que s'il n'y avait pas des témoins à l'audience, ce fut en conformité avec la loi. Or, la loi déclare que les témoins seront entendus art. 578. — Réponse : Le Gouvernement n'avait pas d'agence officieuse — L'agence Havas ne démentit pas les télégrammes en question. L'article 578 du Code dit seulement qu'on entendra les témoins nouveaux, et parmi les précédents, ceux à qui on aura demandé de rectifier leur déposition. A cet effet, la mère de Soledad était arrivée pour déclarer, et elle ne le fit pas parce que Ferrer ne crut pas cette déposition utile.

*** ***

La sentence rendue par le Conseil suprème de la Marine et de la Guerre en Janvier 1911 prouverait, à entendre les défenseurs de Ferrer que cette juridiction élevée reconnaissait son innocence — Quelle est donc cette sentence ? Les personnes qui avaient eu à souffrir un dommage, pendant la semaine sanglante, avaient réclamé une indemnité sur les biens que laissait Ferrer. L'auditeur de Barcelone déclara que, pour qu'on eut à payer cette indemnité il fallait prouver que Ferrer ou des personnes à ses ordres, furent cause du dommage. Le Conseil suprème à son tour, prononça, qu'examen fait du procès, il n'apparait pas que Ferrer ait commis ces dommages.

Voilà l'argument dans toute sa force et je le rapporte d'après un discours du républicain catalan Miro, dont je trouve l'analyse dans la « *Correspondencia de Espana* », du 11 Novembre 1912. — Je réponds que ni l'auditeur de Barcelone ni le Conseil suprème n'avaient à se prononcer sur la culpabilité de Ferrer. Ils déclaraient seulement que dans les cas particuliers qui leur étaient soumis, sa participation aux dommages causés, ne se trouvait pas prouvée, pour que ses héritiers pussent être obligés à payer une indemnité sur les biens reçus de lui. Si le Conseil suprème de la Marine et de la Guerre avait par sa sentence reconnu l'innocence de Ferrer, jamais au cours de l'année 1911, Canalejas n'eut obtenu un vote de confiance à une très forte majorité libérale et conservatrice, par lequel les Cortès déclaraient le procès de Barcelone régulièrement et définitivement jugé. Les républicains et les socialistes avaient, en effet, pendant près de trois semaines, essayé de ressusciter l'affaire et d'obtenir la révision du jugement qui avait condamné le fondateur de l'Ecole moderne.

En Mai 1913, le « *Times* » publiait un interview du Comte de Romanones, président du Conseil et libéral, où celui-ci disait :

J'approuve l'action du gouvernement conservateur dans l'affaire Ferrer et il est hautement temps que cette infàme campagne, basée sur le fait de considérer Ferrer comme un martyr des idées avancées, cesse. Notre Roi doit être à même de comprendre, qu'il peut aller librement à Paris, Londres ou Berlin sans être considéré, par une opinion faussée, comme le chef d'un pays où l'inquisition existe encore. Il y a maintenant près de quatre ans, depuis que la dernière exécution a eu lieu en Espagne, et ceux qui respectent nos lois sont aussi libres ici qu'en aucun endroit du monde.

Enfin, je dédie, aux admirateurs de Ferrer, ces paroles prononcées par le républicain Melquiadez Alvarez, le 10 novembre 1912, dans un meeting où il demandait cependant avec les autres orateurs, la révision de son procès :

« Son œuvre pendant sa vie ne fut pas digne d'éloges. Il ne fut pas un intellectuel. Pauvre Espagne si elle n'avait pas d'autres représentants de son intellectualité ! mais il eut un beau geste, en mourant pour ses idées. »

En Juin 1914 n'avons-nous pas entendu M. Cambo déclarer à la Chambre :

« M. Miro pourrait témoigner qu'en 1900, dans une réunion de députés républicains, on décida de ne pas demander la grâce de Clemente Garcia, pour ne pas se trouver obligé par là, à solliciter la grâce de Ferrer. »

M. Miro, ni aucun des députés républicains présents aux Cortès, et auxquels M. Cambo faisait allusion, n'ont contesté le fait.

X

Ferrer et la Maçonnerie

Maura eut tort de laisser la presse tromper l'opinion. — La Maçonnerie internationale a contribué à auréoler Ferrer. — Ferrer franc-maçon, mais encore plus anarchiste. — Après sa mort la franc-maçonnerie universelle agite son cadavre comme un drapeau. — Si Ferrer eut été un prêtre condamné par un gouvernement anticlérical....

Il faut avoir le courage de le dire, une des grosses fautes de Maura et de ses ministres fut d'ignorer la puissance formidable qu'est la presse moderne entre les mains de ceux qui savent la manier. Pendant près de trois semaines, avant et après le procès, ils laissèrent insulter l'Espagne et bafouer sa justice. Même les amis du gouvernement, dans la péninsule et à l'étranger, étaient désemparés. On ne savait comment le défendre (1). Lui, qui avait en main tous les moyens matériels et moraux de redresser les sottises que débitait le journalisme européen, retranché

---

(1) Quand les journaux commencèrent à s'emparer de l'affaire, Leon y Castillo, ambassadeur à Paris, écrivit, en propres termes, à M. Maura, « *Hay que tirar la bolsa sino tendremos que tirar el paraguas* ». « Tirons la bourse, sinon il faudra tirer le parapluie ». Il voulait dire qu'il était nécessaire d'employer tous les moyens dont disposait le gouvernement par ses Consuls, ses Ambassadeurs et son influence, à éclairer la presse sur Ferrer, sur ses antécédents, ses fréquentations, ses idées. A la campagne en sa faveur, il fallait opposer une autre campagne. Or rien ne fut fait et Maura qui est connu par sa phobie du journalisme, trait surprenant en un homme qui prétend faire de la politique au XIX⁰ et au XX⁰ siècle, répondit qu'on ne pouvait ni ne voulait tirer la bourse. Et la clameur universelle, se grossissant tous les jours, continua à s'élever et à former, dans les consciences ignorantes, la légende de Ferrer.

« Nous espagnols, écrit noblement M. Sangro y Ros de Olano (*La Sombra de Ferrer* p. 126), sommes les responsables du ferrerisme de bonne foi. Le gouvernement espagnol, Ferrer mort, commit la sottise de publier, pour éclairer l'opinion, le jugement contre Ferrer, sans le texte de la défense. Quoi d'étrange que, hors de chez nous, beaucoup aient cru que l'on ne permit pas à Ferrer de se défendre ? En outre, qu'a-t-on fait pour renseigner le public du dehors ? Même en Espagne, nous avons attendu deux ans, pour connaître les documents du procès de 1909 et quatre pour connaître ceux de la bombe de la Calle mayor ! » J'ajoute que le jugement de Ferrer fut ordonné trop tôt et trop tard, à la fois. Ceux qui auront lu attentivement le chapitre sur la Révolution de Barcelone, comprendront ma pensée. On ne saurait jamais être trop prudent, quand les passions sont éveillées et aux aguets pour surprendre les moindres négligences, dans l'exécution de la justice.

derrière des prétextes de dignité, n'essayait même pas d'éclairer les esprits droits qui n'attendaient que la lumière. Il permettait qu'on compare Ferrer à Jésus, à Dante, à Pestallozzi, à Giovano Bruno, à Galilée, à Boudha, aux plus grands bienfaiteurs et aux plus grands génies de l'humanité ; « Ferrer, écrivait tranquillement le « *Daily News* », est le Tolstoï de l'Espagne » ; il en est « l'Herbert Spencer » ajoutait un autre. On s'aperçut, mais pas assez tôt, de la faute commise. On publia de nombreux articles pour mettre les choses au point. Luca de Tena directeur du journal *A. B. C.*, eut l'heureuse idée de consacrer tout un numéro à désarticuler les excentricités, colportées par le monde, sur la personnalité de Ferrer et sur les tribunaux militaires espagnols. Ce numéro fort bien compris, du 5 Décembre 1909, fut traduit en français, en anglais et en allemand, et envoyé à tous les grands quotidiens du globe, avec prière de le reproduire. Des brochures dont plusieures fort volumineuses, peu lisibles, embrouillées d'inutiles détails et de filandreux arguments, s'imprimèrent dans le même but. Trop tard ! Les ténèbres avaient, pour ainsi dire cristallisé, dans la conscience publique. Ferrer passait, aux yeux des masses, pour un génie bienfaisant, pour un penseur éminent, fusillé par la haine aveugle d'une inquisition sauvage. Des rues, des salles de réunion, des monuments publics recevaient en mille endroits le nom du héros. Il était tabou, malheur à qui touchait à l'idole !

A l'auréoler, contribua puissamment cette association internationale à tendances aréligieuses et vaguement humanitaires, qui semble aujourd'hui l'ennemi née des religions positives, plus particulièrement du catholicisme. On est sûr de la trouver au premier rang, quand il s'agit de le combattre par la force ou par la ruse ; les deux moyens lui sont bons. Nier son influence profonde sur la vie politique de tous les peuples civilisés, surtout des peuples latins, serait une dangereuse et grossière naïveté, bien qu'il soit très sage de ne pas en faire la raison dernière de tout mal et de toute catastrophe. Evitons les états d'âme qui font prospérer les Léo Taxil et consorts !

Je parle, on le devine, de la franc-maçonnerie. Dès sa prime jeunesse, Ferrer s'enrôla sous sa bannière. Il s'affilia à la loge « La Vérité » de Barcelone en 1884, et il était un des fidèles les plus assidus. En 1897, nous le trouvons au Grand Orient de France, rue Cadet, donnant tous les soirs des leçons d'espagnol. Sa qualité de maçon ne nuisit jamais à ses intérêts. Comme tant de ses pareils, il semble, durant toute sa vie, avoir cherché, dans les loges, encore plus ses profits que le dévouement à des idées. Elles l'aidèrent à développer sa clientèle pédagogique. C'est en 1890 qu'il fut admis au Grand Orient français. Si on ne connaissait pas cette protection, on comprendrait difficilement que ce catalan, d'une instruction si rudimentaire, ait osé se poser comme professeur de Castillan.

Nous l'avons vu au cours de ce travail. En 1892, il fut délégué par sa loge, pour aller la représenter au Congrès de la Libre Pensée qui devait se tenir du 12 au 19 Octobre à Madrid. Le gouvernement espagnol dut l'interdire, en raison des diatribes révolutionnaires dont ses membres, dès le début, accablèrent la monarchie. De retour à Paris Ferrer rendit compte de son mandat. Voici comment à la fin de son discours, il traçait le programme de sa république sans frontières ni patrie :

« Je termine, mes Frères, en vous disant que nous voulons une république grande et forte, non seulement pour l'Espagne, mais aussi pour le Portugal qui, comme nous, a soif de régénération. Nous formerons ainsi la République Ibérique. Nous travaillerons ensuite à fédérer la République Ibérique avec celles d'Amérique qui parlent notre langue. Enfin nous demanderons à la France, notre maîtresse, d'entrer dans cette fédération. Croyez-vous que la monarchie italienne pourra alors résister aux vœux d'un peuple qui réclamera son droit, au sein de cette grande famille qui s'appelle la race latine. »

Il semble cependant, que lorsque Ferrer n'eut plus besoin, grâce aux générosités extorquées à Ernestine Meunier, de la protection et des profits maçonniques, il s'éloigna un peu des loges, qu'il trouvait réactionnaires, pour être plus libre de réaliser ses plans d'anarchiste. Sa fréquentation du Grand-Orient lui avait permis de connaître les esprits qui, en France et à l'étranger, se rapprochaient le plus de ses conceptions de troglodyte. Pour fonder, en 1908, sa *Ligue internationale pour l'éducation rationnelle de l'enfant*, il fit appel à des francs-maçons notoires et à d'autres personnalités, à tendances révolutionnaires. Le président honoraire de la Ligue était Anatole France, le président effectif, Ferrer, le secrétaire, Charles Albert, les membres, William Heaford pour l'Angleterre, Haeckel pour l'Allemagne, Sergi pour l'Italie, Paul Gilles pour la Belgique, Espinga pour la Suisse. La Ligue se recruta immédiatement parmi les syndicalistes anarchisants.

« *Le Révolté* » avait donc raison, semble-t-il, quand, dans son numéro de septembre 1912, il écrivait :

« Il faut bien qu'on le sache, Ferrer n'était pas l'homme que les calotins ont dépeint. Son œuvre avait une tout autre envergure et une tout autre portée, que les insanités qu'on en a dites. Ferrer était anarchiste, non pas anarchiste honteux, mais anarchiste militant. C'est dire qu'il tenait, en égal mépris, les adeptes de l'une ou l'autre secte religieuse et autoritaire : moines ou laïcs, « libres penseurs » et bondieusards. Anarchiste, Ferrer devait nécessairement s'attirer les haines de tous les gouvernants et de tous ceux qui aspirent au pouvoir. Si, dans un pays comme l'Espagne, où le mancenilier de l'Inquisition étend encore partout son ombre empoisonnée, Ferrer avait cru bon de se réfugier dans le Temple de la veuve Hiram, cela s'excuse à cause des circonstances. Cette concession n'implique aucunement, pour les membres de la Franc-Maçonnerie, un droit de propriété sur la pensée et l'œuvre de Ferrer. En d'autres contrées, Ferrer eut sans doute rejeté avec dégoût le tablier en peau de cochon, qu'il n'admettait qu'en raison des conditions particulièrement périlleuses, dans lesquelles il avait résolu de combattre. Ferrer était anarchiste, avant tout. Il ne se fut pas cru déshonoré d'avoir pris part à l'émeute. On lui a d'ailleurs reprochée cette attitude. »

Cependant Ferrer mort, les francs-maçons du monde entier se saisirent de son cadavre et en firent un drapeau autour duquel ils groupèrent leurs troupes, pour combattre l'obscurantisme, entendez la religion. Sans eux, la ridicule et violente campagne qui secoua, pendant près d'un mois, l'opinion publique mondiale, ou n'eut pas eu lieu ou se fut vite arrêtée. Installés dans tous les grands journaux, maîtres par eux ou par leurs amis, de la publicité, ils jouent très habilement de l'épouvantail, il faut le reconnaître. Cet autre « Jésus », cet autre « Dante », cet autre « Pestalozzi », cet autre « Spencer », n'était-il pas « leur » ?

Quand on eut appris son sort à Montjuich, toutes les batteries des

loges se mirent en branle. Le Grand Orient de France fut des premiers
à lever le marteau.

« Douloureusement impressionné, s'écriait-il dans une protestation publique,
par l'exécution politique de Ferrer, après un jugement sans garanties, le Grand
Orient ne peut rester muet... Tandis que l'humanité s'avançait sur la route du progrès indéfini, il s'est fait un pas en arrière, comme pour nous rejeter dans la noire
nuit du Moyen Age.

« On a atteint, en Ferrer, l'apôtre de l'émancipation intellectuelle de l'Espagne.
On l'a atteint conformément aux procédés de l'Inquisition, qui méprise les règles
les plus ordinaires de la justice. La protestation de l'humanité entière n'a pu le
saurer, car l'intransigeance des dogmes s'oppose aux principes de la véritable
morale humaine.

« *Ferrer fut l'un des nôtres*, car il comprenait que l'âme maçonnique exprime
l'idéal le plus haut que l'homme puisse réaliser.

« *Ferrer est l'idéal maçonnique*. Le Grand Orient de France proteste, au nom de
ses loges répandues par toute la terre, et invite le monde entier, à protester par tous
les moyens contre la barbarie. La Maçonnerie Universelle salue en Ferrer, très-
grand et très-bon, un des martyrs de la Libre Pensée. »

A cette manifestation, le Grand Orient de Belgique voulut faire écho.

« Nous nous associons, disait-il, au nom des loges belges à la protestation
indignée que le Grand Orient de France a adressée à la Maçonnerie universelle et au
monde civilisé, contre la sentence iniquement et impitoyablement exécutée sur le
Frère Francisco Ferrer. Il livre au mépris de l'humanité les noms des juges qui ont
décidé et ceux des autorités qui ont sanctionné un verdict de mort, inspiré par un
fanatisme honteux et non par l'esprit de justice et d'impartialité qui doit toujours
animer les hommes revêtus du pouvoir de juger leurs semblables.

« L'assassinat juridique de Ferrer, avec l'application d'une procédure digne des
temps barbares, qui permet aux partis politiques de supprimer leurs adversaires,
sous les apparences de la légalité, sera un stigmate éternel, pour ceux qui l'ont con-
sommé.

« Que le sang de ce nouveau martyr féconde le sol de la malheureuse Espagne
et fasse germer et se développer les idées de Liberté et de Tolérance, seules capa-
bles de contenir, en ce pays, les provocations, tous les jours plus audacieuses, d'un
clergé riche et avide de dominer.

« Que le peuple belge, en présence d'un si lamentable événement, se rende
compte, des dangers auxquels s'exposent les nations qui confient leurs destinées
aux hommes qui sont aux ordres de l'Eglise.

« Le nom du Frère Ferrer restera dans l'histoire glorieusement associé au nom
des martyrs de la liberté de conscience. Gloire à Ferrer ! Honte à ses bourreaux !

« Pour le Grand Orient de Belgique,

« Le Grand Maître National :

Docteur Joseph DESCAMPS (1). »

---

(1) Le Conseil municipal de Bruxelles, composé de libéraux et de socialistes,
avant la guerre, avait élevé à Ferrer une statue symbolique, avec une inscription
injurieuse pour l'Espagne. Les Allemands, pour flatter celle-ci pendant leur occupa-
tion, renversèrent la statue sans la détruire. Après la guerre, le Conseil municipal
en majorité socialiste a remis la statue, mais en enlevant, grâce à l'intervention du
Ministre d'Espagne, l'inscription injurieuse.

Le F. Nathan, maire de Rome et Grand Maître de la Maçonnerie italienne, ne pouvait, en présence de cette levée de maillets, laisser le sien tranquille sur l'enclume. Voici la proclamation qu'il fit afficher sur les murs de la capitale de l'Italie :

« CITOYENS,

« Rome s'associe au deuil qui afflige le monde civilisé par la mort de Ferrer. L'assassinat du penseur, de l'apôtre de l'Ecole moderne, est une offense à la sainteté de la vie humaine, à la liberté de conscience, au progrès civil dans la lutte contre la réaction.

« Rome, où la liberté de conscience et le progrès civil ont été consacrés, élève sa voix, contre la barbarie de cet acte.

« Que cette affirmation de votre représentant, soit l'expression de vos sentiments ; que la manifestation tranquille, digne, pacifique, de la population, serve à entourer d'une auréole le martyr, dont le sang fécondera l'idée pour laquelle il a vécu et pour laquelle il est mort. »

Et maintenant, supposons qu'un gouvernement anticlérical ait fait condamner, aux galères ou à mort, un prêtre ou un religieux traqué par des haines sectaires, et manifestement injustes.... Je le demande à tout esprit droit, la presse de grande circulation, avant la guerre, eut-elle agité l'opinion en faveur de ce malheureux ? Eussions-nous vu, dans les rues de Paris, les manifestations réalisées par des milliers de révolutionnaires, autour du nom de Ferrer ? Les gens qui n'ont à la bouche que le mot sacré de justice, les francs-maçons qui, dans leur manifeste prétendent qu'elle a été foulée aux pieds par la sentence qui atteignait l'apôtre de l'Ecole Moderne, eussent-ils douté de la culpabilité de ce prêtre ou de ce religieux ? Parce que ceux-ci n'avaient pas à leur disposition l'or abondant des grands capitalistes juifs, ennemis du catholicisme pour la plupart, parce que la presse maîtresse, de l'opinion, leur était ou fermée ou hostile, parce que tous les maillets des FF. répandus sur la terre, étaient dressés contre eux, pour les écraser, avant même un examen superficiel de leur cause, elle était jugée. Leur innocence n'aurait eu que de timides défenseurs et leur mort eut passée inaperçue.

.·.

Je ne suis pas de ceux qui croient que les idées, même dangereuses, se tuent à coup de fusil. Si l'on veut toute ma pensée, je dirai que le gouvernement de Maura eut pu trouver un biais pour satisfaire la justice et éviter l'apothéose de Ferrer. Mais qui brave la société et recourt aux moyens immoraux pour la détruire, ne peut se plaindre quand la société se défend, parfois en dépassant la mesure, et il n'est pas démontré, on l'a vu, que dans le cas de Ferrer, elle l'ait dépassée.

Nihil obstat :
Albiæ, die 11 Januarii 1921.
P. BIZART
Censor delegatus.

Albiæ, 11 Januarii 1921.
Eu. SÉGONZAC
Vic. génér.

TABLE DES MATIÈRES

Mamers. — Imprimerie Gabriel Enault. — 2168.